KB133917

우리 아이 영재로 키우는

엄마표 뇌교육

아이의 뇌 발달에 맞춘 똑똑한 엄마의 두뇌 계발 코칭

서유헌 지음
서울대학교 의대 교수

우리 아이 영재로 키우는 엄마표 뇌교육

아이의 뇌 발달에 맞춘 똑똑한 엄마의 두뇌 계발 코칭

개정판 1쇄 인쇄 2014년 11월 25일
개정판 1쇄 발행 2014년 12월 10일

지은이 서유헌
펴낸이 이경민

편집 이명준
디자인 성영신
관리 성형신

펴낸곳 ㈜동아엠앤비
출판등록 2014년 3월 28일(제25100-2014-000025호)
주소 (120-837) 서울특별시 서대문구 충정로 35-17 인촌빌딩 1층
전화 (편집) 02-392-6901 (마케팅) 02-392-6900
팩스 02-392-6902
전자우편 (편집) dongabook@outlook.com (마케팅) damnb0401@nate.com

ISBN 979-11-86008-01-0 (03370)

※ 이 도서의 국립중앙도서관 출판예정도서목록(CIP)은 서지정보유통지원시스템 홈페이지(http://seoji.nl.go.kr)와 국가자료공동목록시스템(http://www.nl.go.kr/kolisnet)에서 이용하실 수 있습니다.
(CIP제어번호 : CIP2014032575)

우리 아이 영재로 키우는

엄마표 뇌교육

아이의 뇌 발달에 맞춘 똑똑한 엄마의 두뇌 계발 코칭

서유헌 지음
서울대학교 의대 교수

동아M&B

들어가며

뇌는 인간 실체를 표현하는 유일한 기관이며 모든 창조물은 뇌를 통해서만 정체성을 나타낼 수 있다. 창조물과 창조물, 인간과 인간에 따라 뇌는 다르다. 뇌가 같은 사람은 없다. 70억 인구는 얼굴이 다르기보다 뇌가 더 다르다. 뇌의 차이로 마음, 정신, 이성, 감성, 행동, 지능, 적성 등이 달라진다. '나는 뇌이며 뇌가 나'인 것이므로 공부하는 주체 역시 뇌이다. 따라서 우리 아이와 옆집 아이, 형제, 자매의 뇌는 달라 각자 잘하는 분야가 다르므로 서로 비교하는 우를 범하지 않아야 한다. 우리 아이가 좋아하고 잘하는 분야를 찾아 격려해 주는 것이 우리 아이의 미래를 위해 가장 좋은 일이다.

20세기 최고의 천재인 아인슈타인은 '과학의 천재', '두정엽의 천재'라 불린다. 입체 공간적·과학적 사고 기능을 맡은 두정엽(마루엽)이 보통 사람보다 15% 이상 크고 잘 발달했기 때문이다. '언어의 뇌'인 측두엽 발달이 좀 늦어 3살 때 처음 말문을 연 아인슈타인이 우리 나라에서 강제 선행 교육을 받았다면 범재나 둔재로 전락하여 빛을 보지 못했을지도 모른다.

뇌 발달을 최적으로 할 수 있는 교육을 해야 한다. 그러기 위해서는 뇌를 알고 교육을 하는 일이 아주 중요하다. 한창 성장하는 아이의 뇌는 한꺼번에 모든 부위가 같이 발달하는 것이 아니라 나이에 따라서 부위별로 발달하는 속도가 다르다. 아이의 뇌는 아직도 각 부위가 성숙하지 않아 회로가 엉성하고 가늘게 연결되어 있다. 모든 뇌 부위가 성숙하고 회로가 치밀하게 잘 만들어진 어른의 뇌처럼 가르쳐 주기만 하면 어떤 내용이라도 모두 잘 받아들일 수 있는 상태가 아니다. 이를 잘 알지 못하는 부모는 아직 발달하지 않은 뇌 부위를 과도하게 자극하는 내용을 무차별적으로 강제적인 선행교육을 통해 주입하고 있다.

가느다란 전선에 과도한 전류를 흘려보내면 과부하 때문에 불이 난다. 마찬가지로 과도한 선행교육을 받으면 과잉학습장애 증후군과 같은 스트레스 증세가 나타나 뇌 발달에 큰 장애를 겪을 수 있다. 최근 연구를 통해 뇌 부위별 최적의 발달 시기가 언제쯤인지를 알아냈다. 뇌 발달 시기에 맞는 '적기교육'을 해야만 뇌가 골고루 잘 발달하여 효율적인 학습을 할 수 있다. 즉 뇌 기반 교육을 해야 한다. 저자는 과거에 출간된『내 아이의 미래가 달라지는 엄마표 뇌교육』을 기본으로 최근 새로이 알려진 사실을 추가하고 알기 쉽게 설명하였으며 아울러 뇌 발달 시기에 알맞은 뇌 기반 적기교육법을 언급하였다. 아무쪼록 이 책이 뇌를 효과적으로 활용하고 공부하는 데 많은 도움이 되기를 간절히 바란다.

그동안 이 책을 집필하는 데 많은 도움을 준 사랑하는 가족, 한국뇌연구원 김아영 비서, 김희진 연구원 등 연구원들에게 감사드리며 이 책을 발간해 준 동아M&B에 깊은 감사를 드린다.

2014 만추의 가을 서재에서

국사(菊史) 서유헌

▶▷▷차례

PART 1
뇌 발달에 따라 아이 키우는 법이 따로 있다

PART 2
잠자는 아이의 뇌를 깨우는 특별한 방법이 있다

PART 3
두뇌의 힘을 강하게 하는 방법은 아이 안에 있다

PART 4
누구나 아인슈타인이 될 수 있다

PART 5
아이 뇌를 좋아지게 하는 음식이 있다

부록

특별한 우리 아이를 위한 최고의 육아법

1. 게임 중독에 빠진 아이 : 문명의 이기가 뇌를 위협
2. 하는 일마다 늑장 부리는 아이
3. 과외에 중독된 아이
4. 벌을 줄 때는 이렇게
5. 얼굴을 씰룩거리는 아이
6. 산만한 아이
7. 행동장애가 있는 아이
8. 발달장애와 자폐증
9. 잇몸질환 산모는 조산할 수도 있다
10. 유아 돌연사 증후군(SIDS)
11. 아기를 낳으면 산모의 머리가 좋아진다
12. 우리 아이 머리 흔들면 뇌 손상 올 수도 있다

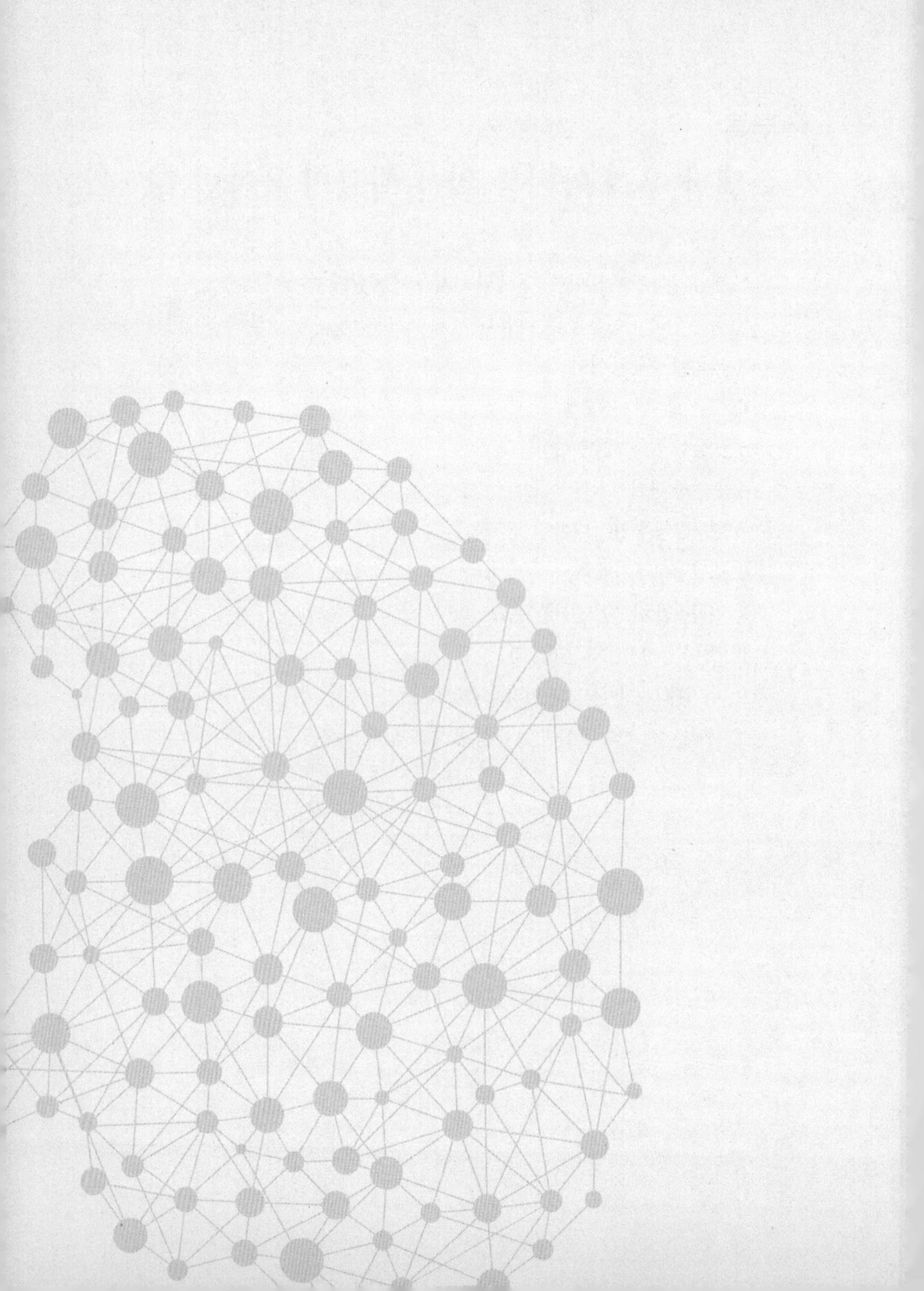

뇌 발달에 따라 아이 키우는 법이 따로 있다

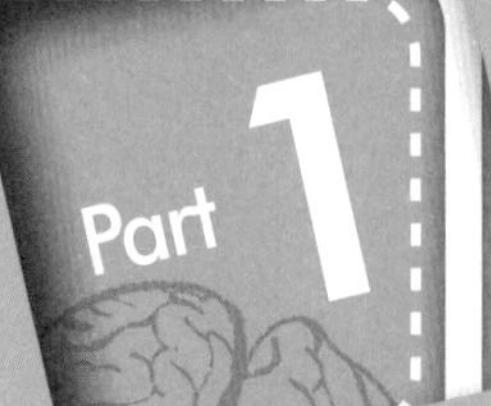

01 뇌를 알면 육아법이 보인다

3층으로 이뤄진 인간의 뇌

기본적인 생활은 물론 인간다운 삶을 영위하게 해주는 인간의 뇌는 가장 소중한 기관인 만큼 그에 대한 관심도 매우 높다. 그러므로 누구나 한 번쯤 '뇌는 어떻게 구성되어 있을까?', '창의적인 생각은 뇌의 어느 부위에서 나오는 것일까?', '뇌의 여러 부위는 각각 어떤 활동을 할까?' 등의 궁금증을 가져 보게 된다. 그러나 이런 궁금증들은 뇌의 구조에 대해서 알아본 다음 하나하나 풀어나가는 것이 좋을 것 같다.

인간의 뇌는 크게 3층으로 이루어져 있다(그림 1, 9). 첫 번째 부위인 1층은 뇌의 가장 밑바닥에 있는 후뇌로 뇌줄기[뇌간]와 소뇌로 구성되어 있다. 가장 오래된 뇌로 진화가 거의 되지 않았고, 호흡, 심장박동, 혈압 조절 등과 같은 생명 유지에 필요한 기능을 담당하기 때문에 '생명의 뇌', '파충류 뇌'라고 부른다. 1층 생명의 뇌가 망가지면 생명을 잃게 되는 '뇌사'가 된다(그림 1, 9). 두 번째 부위인 2층 '동물의 뇌'는 후뇌 바로 위에 있는 중뇌 부위다. 중뇌는 모든 정보를 위아래로 전달해 주는 중간 정거장 역할을 하며 감정 기능도 하고 있다. 포유류들은 흥분과 공포로 울부짖거나 으르렁거리며 움츠리기도 하고, 꼬리를 흔들며 애정을 나타낸다. 이러한 감정 행동은 파충류에게는 볼 수 없는 것으로 인간 뇌의 변연계 부위를 통해 나타난다. '포유류의 뇌'만이 가진 고유 행동이기 때문에 중뇌를 '감정의 뇌', '포유류의 뇌'라고 부른다. 세 번째 부위인 3층은 대뇌피질부가 있는 전뇌로 가장 최근에 진화했다. 전뇌는 고도의 정신 기능과 창조 기능을 담당하고, 인간만이 가진 인간의 뇌이기 때문에 '인간의 뇌', '이성의 뇌', '지의 뇌'라고 부른다. 또한, 이 부위는 학습과 기억을 담당하는 중요한 뇌 부위이다. 이 3층 인간의 뇌가 광범위하게 손상되면 '식물인간' 상태가 되며 의식도 잃게 된다.

대뇌피질부의 발달 덕분에 우리 인간은 다른 동물과 달리 문명을 창조하고, 만물의 영장으로 군림하여 세계를 제패할 수 있었다. 그러나 만약 '인간의 뇌'가 발달하지 않고 뇌 하부에 있는 '동물의 뇌'가 발달하게 되면 이성적이고 사려 깊은 행위보다는 감정적이고 동물적이며 폭력적인 행위가 발달해 이 세계를 혼란에 빠뜨릴 것이다. 다행히 우리 인간은 동물의 뇌인 하부 뇌보다 인간의 뇌인 상부 뇌를 발달시켜 이 사회를 이성적이고 살기 좋은 사회로 만들려고 노력해 왔다. 앞으로도 우리는 즉각적이고 감정적인 행위를 자제하고, 깊은 생각 속에서 차분히 우러나오는 행동을 하면서 동물적인 뇌를 무조건 억누르기보다는 항상 적절한 균형 속에서 상부 뇌가 조절하도록 노력해 나가야 할 것이다.

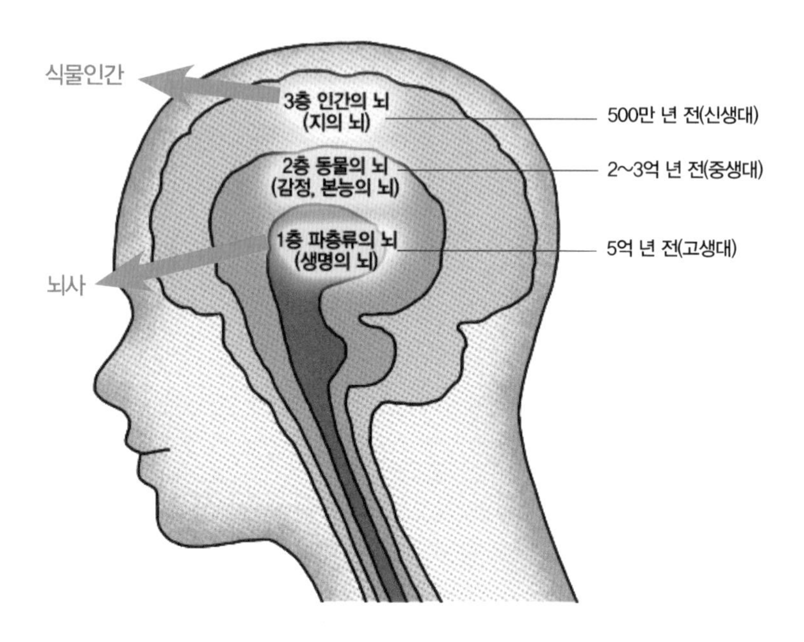

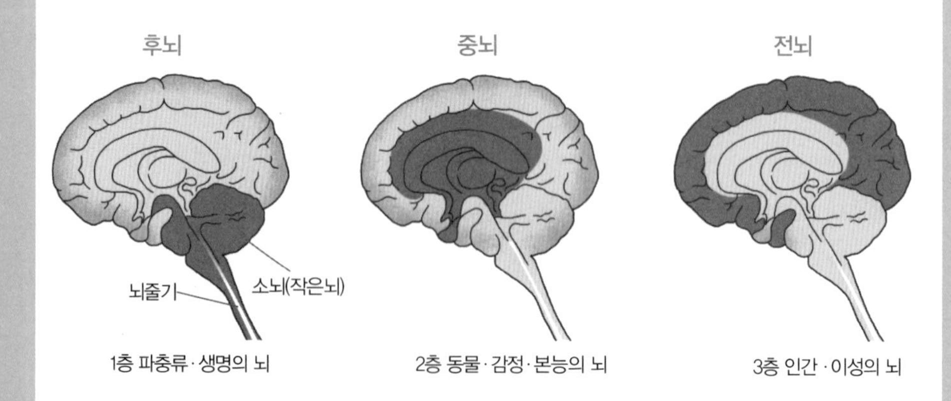

그림 1 3층으로 된 인간의 뇌

소뇌는 우리 몸의 레이더

소뇌는 뇌줄기 뒤쪽에 붙어 있는 부위로 후뇌 일부이다(그림 1, 2, 9). 평형, 몸의 위치, 공간 운동을 조절하는 기능을 하며 우리 몸의 레이더 역할을 하는 운동중추로서 간단한 학습 방법을 기억하는 기능도 지니고 있다. 소뇌가 지난 100만 년 사이에 3배 이상 커졌다는 사실을 미루어 볼 때 그 기능이 얼마나 중요한지 알 수 있다. 그러나 우리 몸에서 레이더 역할을 하는 소뇌가 망가지면 몸의 균형을 잡지 못할 뿐만 아니라 목표물의 위치를 잘못 판단해 다른 지점에 폭탄을 떨어트리는 고장 난 폭격기처럼 공간 운동을 조절할 수 없다.

소뇌는 운동선수들이 반복 연습을 통해 중요한 운동 기술을 습득하고 기억할 수 있도록 해주는 운동 기억 기능을 담당하기 때문에 이 부위가 고장 나면 운동할 수 없게 될 뿐만 아니라 정상 생활마저도 힘든 폐인이 되고 만다. 즉 소뇌는 우리가 생각하는 것보다 훨씬 더 중요한 역할을 한다는 것을 알아 두자.

뇌줄기(1층) 손상은 뇌사의 원인

연수[숨뇌]와 뇌교[다리뇌]로 구성된 뇌줄기[뇌간]는 척추 속 신경인 척수가 약 5억 년 전[고생대 시기]에 윗부분으로 확대하고 팽창하면서 형성된 것이다(그림 1, 3, 9). 가장 먼저 형성된 뇌줄기는 구조가 원시적이지만 가장 기본적인 생명체 기능을 담당하는 생명 중추이다.

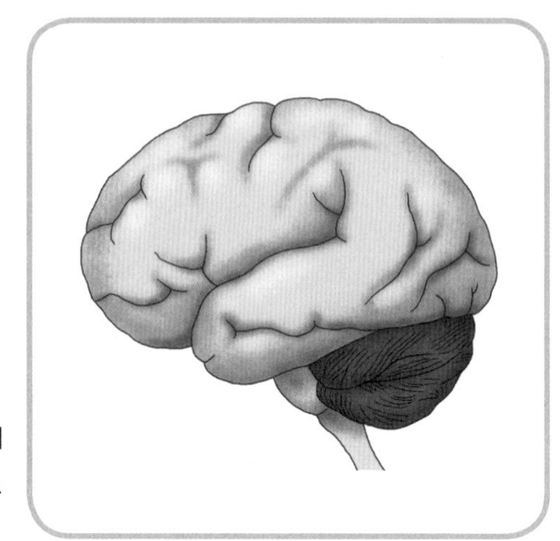

그림 2 소뇌

우리 몸의 레이더 역할을 한다.

또한, 뇌줄기는 '파충류의 뇌'라고도 불리는데, 이는 파충류의 뇌가 주로 인간의 뇌줄기에 해당하는 형태와 기능을 지니고 있기 때문이다. 파충류는 2층 감정의 뇌가 없기 때문에 감정을 표현하지 못하므로 애완동물로 적절하지 않다.

뇌줄기는 생명 기능의 가장 기본이 되는 호흡, 혈압, 심장박동 등 중요한 생명 반사를 담당하고 있어서 이것이 손상되면 혼자 힘으로 생명을 유지할 수 없는 뇌사 상태에 빠진다(그림 1, 9). 뇌사 상태가 되면 호흡, 혈압, 맥박, 체온의 네 가지 생명 기능을 인공 심폐기로 어느 정도 유지하다가 결국 수일~수주 내에 심장이 완전히 멈추고 죽음에 이른다.

뇌사가 시작된 때부터 심장이 완전히 멈출 때까지의 시간은 뇌가 다시 살아나지 않는 죽음의 기간이다. 그래서 뇌사를 죽음으로 인정하고 장기 이식을 허용하고 있다. 즉 심장사의 경우에는 장기로 가는 혈관이 막혀 장기 이식을 할 수 없고 각막 이식 수술밖에 할 수 없지만, 뇌사의 경우에는 장기 이식이 필요한 사람에게 각막은 물론 심장, 간, 콩팥, 허파, 이자 등을 이식할 수 있다. 요즈음에는 뇌줄기가 완전히 손상되어 어떤 노력으로도 다시 살릴 수 없는 뇌사 상태에 이르더라도 다른 중요한 장기는 다른 사람에게 줄 수 있다. 뇌사가 일어난 지 20년 만에 기적처럼 살아났다던가, 뇌사를 존엄사에 포함한다는 보도는 '뇌사'와 '식물인간'을 혼동해서 나온

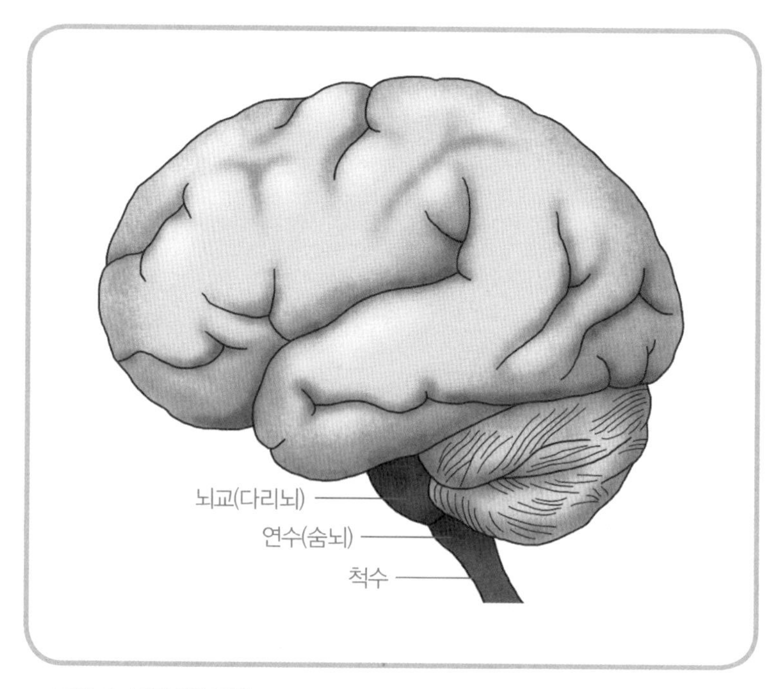

그림 3 뇌줄기의 구성

뇌교와 연수의 손상은 뇌사라 부른다.

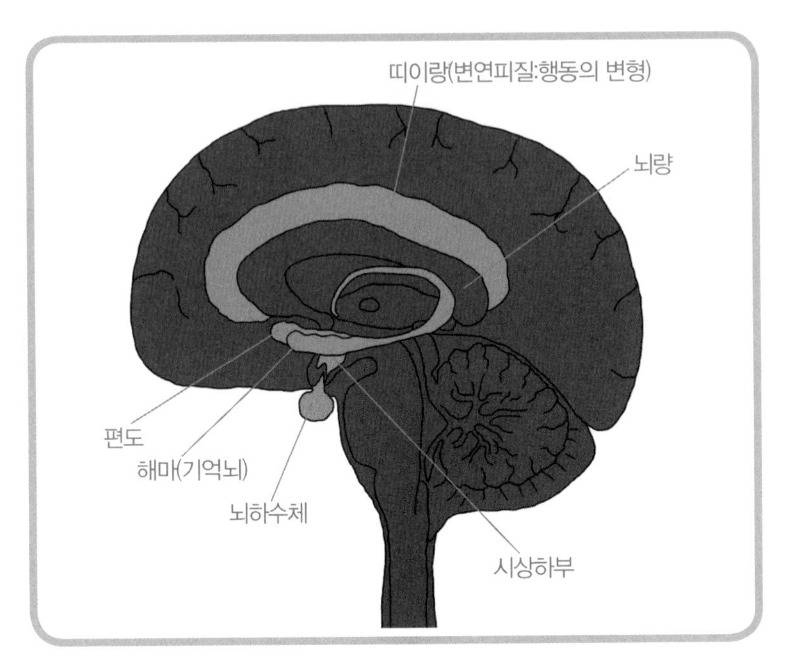

그림 4 변연계

변연계는 뇌량(좌우뇌 연결 다리)을 둘러싸고 있으며 충동과 인지적 융통성을 조절하는 띠이랑(대상회), 기억을 담당하는 해마와 정서를 담당하는 편도, 호르몬 조절부인 시상하부와 뇌하수체(후각을 담당하는 후구)로 구성되어 있다.

것이다. 3층 '인간의 뇌'가 광범위하게 손상되어 일어난 식물인간 상태에서는 의식이 회복될 수도 있고 뇌사에 빠져 죽을 수도 있다.

위아래의 정보와 소뇌의 정보를 전달하는 중요한 중간 교통 요충지인 뇌교가 손상되면 생명중추가 손상을 입을 때 나타나는 증상 외에도 소뇌가 보내는 정보가 전달되지 않아 몸의 평형과 방향 감각을 유지하기가 어렵다. 그러므로 생명의 기본 중추인 뇌줄기를 온전하고 건강하게 유지, 보호하는 일은 우리의 고귀한 정신과 신체의 건강을 유지하는 데 아주 중요하고 필수적이다.

기억·감정·호르몬을 조절하는 변연계(2층)

변연계는 대뇌피질[대뇌겉질]과 뇌줄기의 중간에 있는 기억과 감정 그리고 호르몬을 조절하는 중앙부로, 약 2억 년에서 3억 년 전 중생대 무렵에 발생하여 진화했다(그림 4, 9). 그리고 변연계는 포유동물에게 가장 잘 발달했기 때문에 '포유류의 뇌'라고도 부른다. 포유동물들이 감정 표현을 잘하는 것은 변연계의 발달과 밀접한 관련이 있다. '이성의 뇌'를 도와 생각과 감정의 조화[조현] 기능을 하는 띠이랑이 있다.

포유동물은 변연계에 해마와 편도핵이 있어서 파충류와는 달리 학습 기능과 기억 기능을 가지고 있다(그림 1, 4, 9). 만약 변연계가 손상되면 포유동물들의 학습 기능과 기억 기능이 사라져 버리기 때문에 파충류와 비슷한 행동을 하게 된다. 이 밖에도 변연계에는 호르몬 조절부인 시상하부와 뇌하수체가 있다. 콩알 크기만 한 시상하부는 음식을 섭취하고 체온과 수면을 조절하며, 우리 몸에서 가장 중요한 호르몬 생산 공장인 뇌하수체를 조절한다.

이 시상하부가 손상되거나 병이 생기면 우리 몸속 수분을 조절하지 아이 조절되지 못해 소변을 많이 보는 요붕증에 걸린다. 따라서 이 변연계는 기본적인 생명과 기억 기능을 유지하는 데 없어서는 안 될 중요한 부위다.

인간을 깨어 있게 하는 각성 중추, 망상활성화계

외부의 자극과 정보는 신체의 감각기관을 통해 척수를 거쳐 뇌줄기에 이르고, 정보가 모인 시상을 거쳐 일차적으로 분석된 다음, 최고 중추인 대뇌피질에 도달한다. 그러면 최고 중추인 대뇌피질에서 최종적인 판단을 하고 필요한 명령을 다시 내려보내 적절한 행동을 하게 한다. 이때 거미줄 같은 수많은 전파 섬유가 각성 전파를 계속 보내 최고 중추인 대뇌피질을 맑은 정신으로 깨어 있도록 하는데, 이 전파 섬유를 망상활성화계[그물활성화계]라고 한다(그림 5). 망상활성화계는 인간의 의식을 명료하게 유지해 주는 각성제 역할을 한다. 진정수면제는 망상활성화계가 활성화되는 것을 억제해서 잠을 불러오거나 진정 작용을 하지만, 각성제는 망상활성화계를 자극해 정신을 맑게 하는 각성 효과를 낸다.

뇌줄기가 손상되면 뇌사가 일어난다. 그러나 뇌줄기가 손상을 입지 않아도 대뇌피질부가 광범위하게 손상을 받게 되면 의식이 없어지면서 우리의 고귀한 정신을 드러낼 수 없는 식물인간 상태가 되고 만다. 그러나 손상 정도가 크지 않으면 뇌사와 달리 다시 깨어날 수도 있다. 뇌사와 반대로 망상활성화계를 활성화시켜서 잘 유지하면 다른 사람보다 더 맑은 정신으로 공부할 수 있다.

의식은 주변의 일을 보고, 듣고, 받아들이고, 그에 대해 반응하는 인지 작용을 의미한다. 인간의 의식은 단순히 깨어 있는 것 이상의 의미가 있다. 의식은 개인의 정체성에 대해 인식을 하게 한다. 의식적 인식에는 기억력, 과거의 경험에 근거하여 결정을 내리거나 생각,

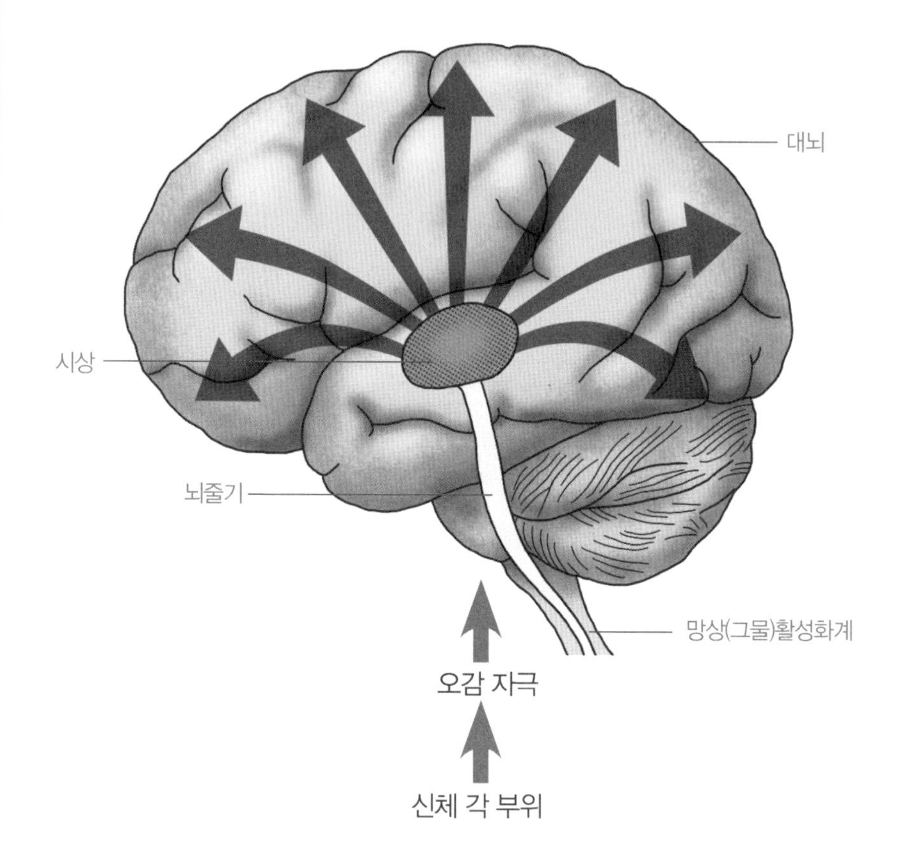

그림 5 망상활성화계

척수에서 뇌줄기의 중앙을 거쳐 대뇌로 올라가는 신경계를 '망상활성화계'라 하며, 오감을 통해 신체 각 부위에서 올라온 자극은 이를 통해 끊임없이 정보를 대뇌로 보낸다. 신경세포의 그물인 망상활성화계는 뇌의 맨 위쪽에 있는 대뇌 신경세포에 계속 자극을 보내 정신을 맑게 깨어 있게 유지해 주고 집중할 수 있도록 해준다. 감정이 복잡하거나 여러 갈래로 흩어질 때는 이 망상활성화계도 흩어지고 억제되어 주의력이 산만해지고 기억이 잘되지 않는다.

의도, 목적한 일에 도달하는 것 등을 포함한다. 뇌진탕이나 마취 때문에 잠이 들면 외부 세계를 의식하지 못하고 그에 반응하지도 않는다. 그렇게 되면 인생은 인간의 의지와는 상관없는 것이 되어 버린다.

공부를 잘하려면 맑은 의식이 절대적으로 필요하다. 사람은 앞에서 설명한 바와 같이 그물 모양의 망상활성화계인 각성 중추를 통해서 맑은 의식을 유지한다. 그림에서 보는 바와 같이 신체 각 부분에서 들어온 감각 자극 통각 자극, 촉각자극, 고유수용기 감각(위치 감각) 이 척수를 통해서 위로 올라와 망상활성화계를 활성화시킬 뿐만 아니라 시각, 청각, 후각, 미각 자극이 각 신경을 통해 뇌로 들어와 망상체를 활성화시켜 대뇌피질을 항상 깨어 있게 해준다.

이렇듯 망상계의 활성 정도가 사고 과정, 외부 세계에 대한 인지, 신체 기능의 정도를 결정한다. 따라서 높은 의식으로 공부에 집중하기 위해서는 오감을 적절히 자극하고 이용할 필요가 있다. 졸릴 때는 좋아하고 재미있는 책을 보거나 시각 자극 , 음악을 듣고 청각 자극 , 맛있는 것을 냄새 맡고 후각 자극 , 먹고 미각 자극 , 꼬집거나 운동하면 촉각과 고유수용기 감각 졸린 대뇌피질이 깨어난다. 그러나 과로, 수면부족으로 대뇌가 지치고 마비되면 오감자극이 대뇌를 깨우지 못해 대뇌는 반응하지 못해 계속 졸게 된다. 수면 부족과 많은 학습량 탓에 대뇌가 지친 학생들이 학교에 가서 오전에는 자고 오후는 졸다가 저녁에 깨어나서 맑은 정신으로 학원에 가서 공부하는 반복적 일상에 공교육은 황폐해지고 사교육이 더욱 위력을 발휘하고 있다.

국민 세금으로 운영되는 공교육을 활성화하기 위해 학생들은 충분한 수면을 취해서 지친 대뇌피질을 회복시켜 주는 것이 중요하다. 어떤 지식을 한 가지 자극 형태보다 시각, 청각, 촉각, 후각, 미각 등 종합적인 형태로 전해 주면 의식을 명료하게 유지할 수 있게 할 뿐만 아니라 학습 방법 측면에서도 효과적이다. 예를 들어 바나나를 유아들에게 교육할 때 실제 바나나를 보여주고[시각], 만져보게 하고[촉각], 냄새 맡아 보게 하고[후각], 재미있게 이야기해 주고[청각], 마지막으로 먹게 해주면[미각] 교육 효과가 매우 증가한다.

인간을 인간답게 해주는 '대뇌'
: 대뇌 손상은 식물인간과 치매의 원인

인간의 뇌와 동물의 뇌를 구별하는 기준은 무엇일까? 인간의 뇌가 다른 동물의 뇌보다 우수하여서 인간이 이 세상을 지배하는 것일까? 뇌의 특정 기능 한 가지만을 본다면 인간보다 우수한 동물은 얼마든지 많다. 다양한 종류의 철새와 연어들은 먼 곳으로 이동할 때 인간과 비교할 수 없을 정도로 우수한 방향 감각을 발휘하며, 개나 고양이들은 인간보다 뛰어난 후각과 청각을 지니고 있다. 그러나 인간은 다른 동물과는 달리 뛰어난 대뇌피질을 지니고 있어서 생각하고, 말하고, 학습하고, 문자를 사용하는 능력을 발휘한다. 그래서 인간은 다른 동물과 구분될 수 있다. 공부와 같은 지적 활동을 하는 데 필요한 대뇌가 여러 가지 원인으로 광범위하게 망가지면 의식이나 기억을 잃는 등 여러 가지 지적 장애가 나타나는

'식물인간'이나 '치매'가 나타날 수 있다(그림 1, 9).

대뇌피질은 대뇌의 가장 윗부분의 껍질을 가리키는데, 표면적을 증가시켜 좁은 두개골 안에 들어갈 수 있도록 주름져 있으며 뇌를 작게 유지하여 아이를 쉽게 낳을 수 있도록 하였다.

역사적으로 볼 때 뇌는 다른 어떤 신체 장기보다도 더 빨리 진화했다. 아프리카에서 발견된 400만~600만 년 전의 오스트랄로피테쿠스의 뇌 용적은 400cc로 이 용적만큼 진화하는데도 수억 년이 소요되었다. 그러나 인류가 오스트랄로피테쿠스의 뇌 용적에서 1,250cc, 그리고 1,500cc로 뇌 용적이 진화되는 데는 수백만 년밖에 걸리지 않았다. 뇌의 진화 과정을 보면 인간의 뇌 중에서 특히 추상적 사고를 할 수 있는 곳이 크게 향상된 것을 알 수 있다. 그리고 모든 포유동물과 인간을 대상으로 신체에서 뇌가 차지하는 비율을 비교해 볼 때 인간의 뇌가 가장 큰 것으로 나타났다.

인간을 다른 포유동물과 구별하고 인간답게 해 주는 것은 뇌 부위 가운데서 대뇌피질이 제일 크고 복잡하기 때문이다. 즉, 파충류의 뇌와 포유류의 뇌의 특징을 주로 가지고 있던 인간의 뇌는 수백만 년에 걸친 진화를 통해 오늘과 같은 문명을 창조할 수 있게 되었다. 다른 동물의 뇌는 대뇌가 작을 뿐만 아니라 주름이 적어서 표면적이 적다. 그러나 인간의 대뇌피질부는 모든 동물 가운데 주름이 가장 많을 뿐만 아니라 우수한 능력을 조절한다. 따라서 인간은 인간만이 지닌 능력을 바탕으로 생각하고, 관찰하고, 분석하여 문제해결책을 마련하고, 미래를 계획하고 예측한다. 인간의 대뇌피질 표면적은 신문지 한 장 정도밖에 되지 않지만, 사고력과 창의력의 무궁무진함은 상상을 초월한다. 지금까지 알고 있는 지식과는 다른 비범한 생각, 즉 창의성은 전적으로 인간의 뇌가 활동한 결과다.

인간에게 창의성이 없었다면 인간은 원숭이와 다름없는 유인원으로 이 지구에 존재했을 것이다. 다행히도 인간은 창의성을 바탕으로 찬란한 문명을 일궈내고 이 지구를 제패할 수 있었다. 먼 옛날 유인원과 비슷했던 인간이 지금과 같이 변화된 것을 보면 창의성은 갈고 닦으면 닦을수록 더욱 개발된다는 것을 알 수 있다. 그렇다면 창의성은 우리 뇌의 어디에서 용솟음쳐 나오는 것일까? 앞에서도 말했듯이 그것은 바로 뇌의 가장 윗부분의 껍질에 있는 대뇌피질이다. 대뇌피질은 가장 늦게 진화, 발전되어 신피질[새겉질]이라고도 부르는데 이것은 운동과 감각을 담당하는 운동중추와 감각중추 이외에 인간을 가장 인간답게 하는 창의성의 본산인 연상 영역을 가지고 있다.

대뇌피질 아래에 인간과 동물이 모두 다 지니고 있는 변연피질[가장자리겉질]은 오래전에 만들어져 진화했기 때문에 고피질[옛피질]이라고도 부르는데, 감정과 정서, 본능적 행동을 주로 담당하고 있어서 '동물의 뇌', '감정의 뇌', '본능의 뇌'라고도 한다. 쥐한테는 연상 영역이 별로 없으므로 창의성이 없다. 그러나 쥐는 인간의 운동중추와 감각중추의 크기와 맞먹을 정도로 동물의 뇌가 발달해 있다. 반면 원숭이에게는 아주 작은 연상 영역이 있어서 다른 동물보다는 창조적인 일을 할 수 있지만, 그 수준이 어린아이보다도 못하다. 따라서 우리 인간에게 있는 이 연상 영역을 얼마나 잘 발전시키는가에 따라서 우리의 미래가 좌우된다고 할 수 있다.

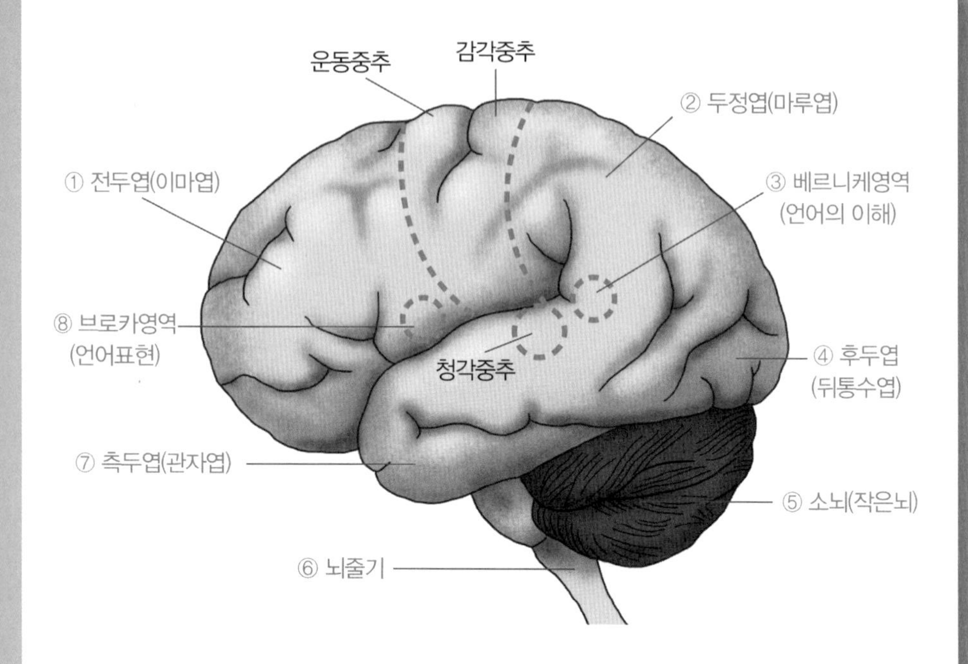

그림 6 4개의 엽으로 이루어진 대뇌 반구

① 전두엽(이마엽) : 동기 부여를 통해 주의를 집중하게 하고, 계획을 세우거나 결심을 하는 등의 목표 지향적인 행위를 주관하며, 창의력·인성과 도덕성을 관장한다. 그중에 감정의 뇌, 본능의 뇌를 제어한다.

② 두정엽(마루엽) : 외부로부터 오는 정보를 조합하는 곳으로 문자를 단어로 조합하여 의미가 있는 것으로 만들며 공간 인식과 과학, 수학을 담당한다.

③ 베르니케영역 : 뇌의 좌반구에 위치하는 특정 부위로 청각피질과 시각피질로부터 전달된 언어 정보의 해석을 담당한다.

④ 후두엽(뒤통수엽) : 시각중추가 있어서 시각 피질이라고도 부른다. 눈으로 들어온 시각 정보는 이곳에서 눈으로 본 물체의 모양이나 위치, 운동 상태를 분석한다.

⑤ 소뇌(작은뇌) : 운동 기능과 평형 감각을 조절하며 우리 몸의 레이더 역할을 한다.

⑥ 뇌줄기 : 뇌의 가장 아랫부분으로 연수(숨뇌), 뇌교(다리뇌), 중뇌로 구성되어 있으며 이 부위가 손상되면 뇌사를 일으킨다.

⑦ 측두엽(관자엽) : 청각 조절 중추가 있으며, 다른 부위에서는 인지 기능과 기억 기능을 조절하고 있다.

⑧ 브로카영역 : 좌반구 전두엽에 존재하는 뇌의 특정 부위로 언어표현 기능을 담당하고 있다.

대뇌반구와 공부의 뇌 발달시키는 법

대뇌반구는 4개의 엽, 즉 전두엽[이마엽], 측두엽[관자엽], 두정엽[마루보시리], 후두엽[뒤통수엽]으로 나누어진다. 대뇌반구를 이루고 있는 4개의 엽을 하나씩 살펴보면, 후두엽은 뇌 뒤쪽에 있다. 이 후두엽에는 시각중추가 있기 때문에 시각피질이라고도 한다. 눈으로 들어온 시각 정보는 시각피질에 도달해 모양, 위치, 운동 상태를 분석한다. 그러나 시각피질이 손상되면 나머지 시각 경로에 이상이 없다 하더라도 시각장애인이 되고 만다.

측두엽은 여러 가지 중요한 기능을 담당하고 있다. 이 측두엽에는 청각피질이라고 부르는 우표 크기만 한 청각 조절 중추가 있으며 이밖에 다른 측두엽 부위에서는 인지 기능과 기억 기능을 조절하고 있다. 여러 기능을 맡은 측두엽이 손상되면 환각이 나타나거나 기억 장애가 나타날 수 있다. 특히 뇌졸중[중풍]으로 좌측 측두엽 부위에 심한 손상을 받으면 실어증이 나타난다. 반면에 오른쪽 측두엽에 자극을 가하면 동시에 두 장소에 있는 것 같은 느낌이 들게 된다. 이것은 사람의 의식 속에 과거와 현재의 일이 동시에 존재하는 것을 나타낸다.

앞머리에 있는 전두엽은 가장 큰 대뇌엽으로 변연계와 밀접하게 연결되어 있다. 전두엽은 어떤 상황이 위험한지 아닌지를 결정하고, 동기 부여를 통해 주의집중을 하고, 계획을 세우거나 결심하는 등 목표 지향적인 행위를 주관하며 인성 및 도덕성 기능을 하고 감정의 뇌, 본능의 뇌를 제어하고 조절한다. 만일 전두엽이 손상되거나 이상이 생기면 ADHD[주의력 결핍 과잉 행동장애]가 나타날 수도 있고, 계획을 세우거나 복잡한 행동을 하거나 아이디어를 구상하는 일이 불가능할 뿐만 아니라 새로운 환경에 적응하지 못하고 비합리적인 자극에 예민해져 인성, 도덕성 기능이 손상된다. 그뿐만 아니라 감정의 뇌를 적절히 제어하거나 조절하지 못해서 이성적 행위가 아닌 학교 폭력과 같은 감정적 충돌이 나타나게 된다. 또한, 언어나 의식 상태는 지장을 받지 않더라도 계획을 세우거나 적응하는 일이 힘들어진다.

머리 중간부터 머리 뒤쪽을 향해 내려가는 두정엽은 외부로부터 오는 정보를 조합하는 곳으로, 문자를 단어로 조합해 의미가 있는 것으로 만들거나 어떤 것을 생각해서 만들어낸다. 두정엽이 손상되면 무인식증[Agnosia:알지 못하는 상태]상태가 되어 공부는 물론 어떤 일도 잘할 수 없다. 두정엽과 후두엽 사이가 다치면 책을 못 읽는 실독증[Alexia], 글씨를 쓸 줄 모르는 실서증[agraphia]이 나타나며 글을 쓸 줄은 알지만, 책을 못 읽는 '실서증 없는 실독증'도 나타난다. 이러한 증상은 앵겔이 쓴『책을 못 읽는 남자』에 잘 묘사되어 있다.

버논 마운트 케슬 박사가 두정엽 손상 환자에 대해 보고한 것에 의하면 오른쪽 두정엽이 손상된 이 환자는 자기 몸의 왼쪽을 전혀

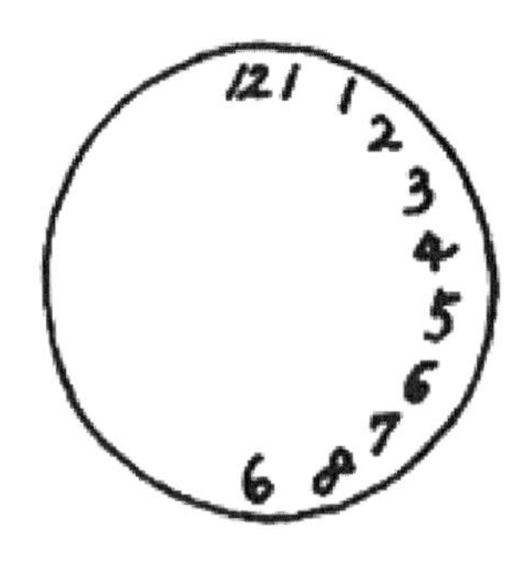

그림 7 무인식증 환자가 쓴 숫자

오른쪽 두정엽에 손상을 입은 환자는
왼쪽을 알지 못하므로 숫자를 오른쪽에만 쓴다.

알지 못해 그림 7에서 보는 것과 같이 시계 판에 있는 숫자를 오른쪽에만 써넣거나 자기 몸의 왼쪽을 인식하지 못해서 몸의 왼쪽을 밀어내어 침대에서 떨어지기도 한다. 그러나 어떤 환자 중에는 라디오에서 흘러나오는 노래의 음을 따라 하지 못하거나 평소에 잘 알던 물건을 만지면서 어떤 물건인지를 모르는 경우가 있다. 또한, 두정엽에는 다른 동물에 비해 상대적으로 작은 감각중추가 있어 신체의 각 부위로부터 올라오는 감각 정보를 해당 대뇌피질에서 최종적으로 종합한 뒤 각 부위로 보내는 역할을 한다.

공부할 때는 뇌의 어느 부위가 작동하는 것일까? 뇌의 어느 부위가 발달해야 공부를 잘할 수 있을까? 공부하는 기능은 뇌의 가장 바깥쪽 껍질 부위인 대뇌피질에서 일어나는데 이 부위를 발달시켜야 머리가 좋아진다. 앞에서 본 것처럼 대뇌피질부의 중앙에는 운동과 감각을 담당하는 운동 사령부와 감각 사령부가 있고, 옆쪽에는 언어 사령부와 청각 사령부, 뒤쪽에는 시각 사령부가 있다. 이들 사령부가 효과적으로 기능을 잘 수행해야 공부나 일을 원활하게 할 수 있다. 이외에 나머지 대뇌피질 부위는 공부와 고도의 정신기능, 창조기능을 담당하는 연상영역으로 대뇌피질 부위를 가장 많이 차지하고 있다.

대뇌피질 두께는 평균 2.5mm에서 3mm이다. 표면적이 신문지 한 면 A4 크기의 종이 4장 정도인 대뇌피질 중 연상 영역이 얼마나 잘 발달되었는가에 따라서 두뇌의 우수성이 결정되며 우수한 문화를 창조할 가능성도 엿보인다. 연상 영역이 뛰어나게 발달한 인간이 만들어 놓은 문명은 당연한 결과이다. 대뇌피질의 표면적을 비교해

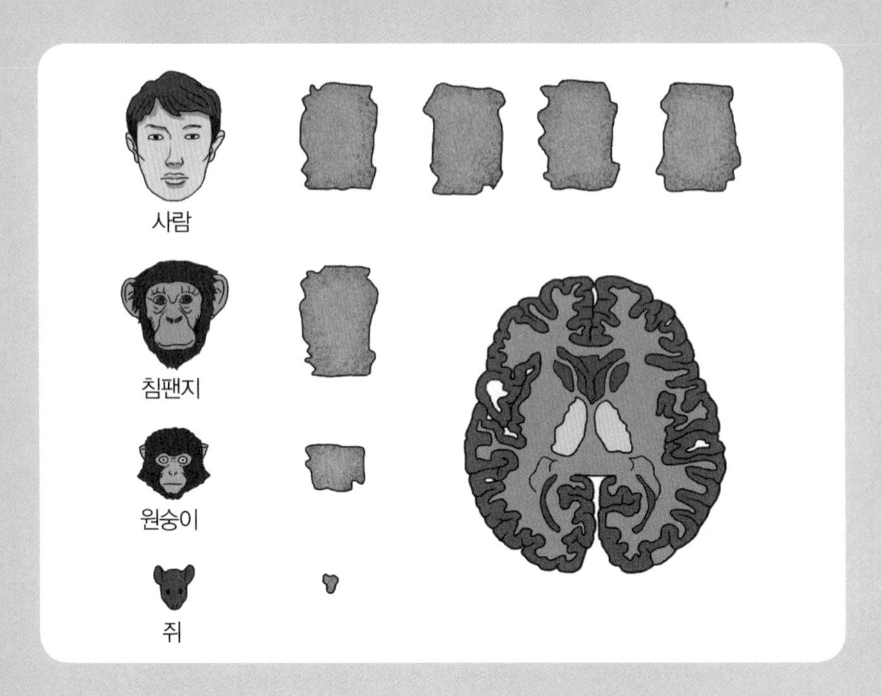

그림 8 대뇌피질 크기

뇌의 가장 바깥 껍질로서 깊게 주름 잡혀 있는 대뇌피질은 지성과 지능의 본산이다. 인간의 대뇌피질을 펼쳐 놓으면 A4 크기의 종이 4장 정도이며 침팬지는 A4 크기의 종이 1장, 원숭이는 엽서, 쥐는 우표 크기 정도이다.

보면 쥐는 우표 크기만 하고, 원숭이는 엽서 크기, 침팬지는 A4 크기의 종이 1장 정도를 차지하고 있으며 인간은 A4 크기 종이의 4장 정도 되는 넓은 부위를 차지한다(그림 8).

약 450만 년 전에는 인간 조상의 뇌와 원숭이의 뇌가 약 400cc 정도로 비슷했지만, 450만 년이라는 긴 세월이 흐르면서 인간의 뇌 용적은 1,500cc로 크게 발달했던 반면 원숭이의 뇌 용적은 400cc에서 500cc로 거의 변화가 없었다. 인간의 뇌 용적이 1,500cc로 커질 수 있었던 것은 연상 영역이 발달했기 때문이다. 만약 창조의 중앙 사령부인 연상 영역이 인간보다 큰 생물체가 이 우주에서 발견된다면 인간도 그 생물체의 지배를 받을지도 모른다.

그렇다면 뇌 중추사령부를 어떻게 발전시킬 수 있을까? 가장 좋은 방법은 뇌 중추사령부 속에 설치된 회로를 더욱 치밀하고 넓게 만들어 효율성을 극대화하는 것이다. 모든 신경세포는 사용하면 할수록 회로가 많아지고 튼튼해지지만, 잘 쓰지 않으면 회로가 막히고 가늘어지며 수도 적어진다. 뇌 신경세포는 끊임없이 신경 흥분을 전하기 때문에 중간에 휴식을 취해야만 신경 흥분이 원활하게 전도된다. 휴식이 없는 과도한 흥분은 신경세포를 지치게 해서 효율을 떨어뜨릴 뿐만 아니라 질병을 생기게 하므로 중간에 적절한 휴식을 취하면서 뇌를 사용하는 것이 뇌세포의 효율성을 높이고 뇌를 좋게 한다. 단순 암기는 주로 창조의 뇌 밑에 있는 변연계를 발달시키기 때문에 창조의 뇌 발달에는 큰 도움을 주지 않는다. 변연계 위쪽에 있는 창조의 뇌가 발달하려면 암기보다는 원리를 생각하고 이해하고 합리성을 따지는 공부를 하는 것이 바람직하다.

공부를 잘하려면 어떤 뇌를 발달시켜야 할까?

이렇게 질문하면 모든 학부모는 3층 '이성의 뇌', '지의 뇌'를 자극해서 발달시키면 가장 좋다고 대답한다. 반면 '우리 아이들이 아픈데 공부를 잘할 수 있겠는가'라는 질문에는 아니라고 분명히

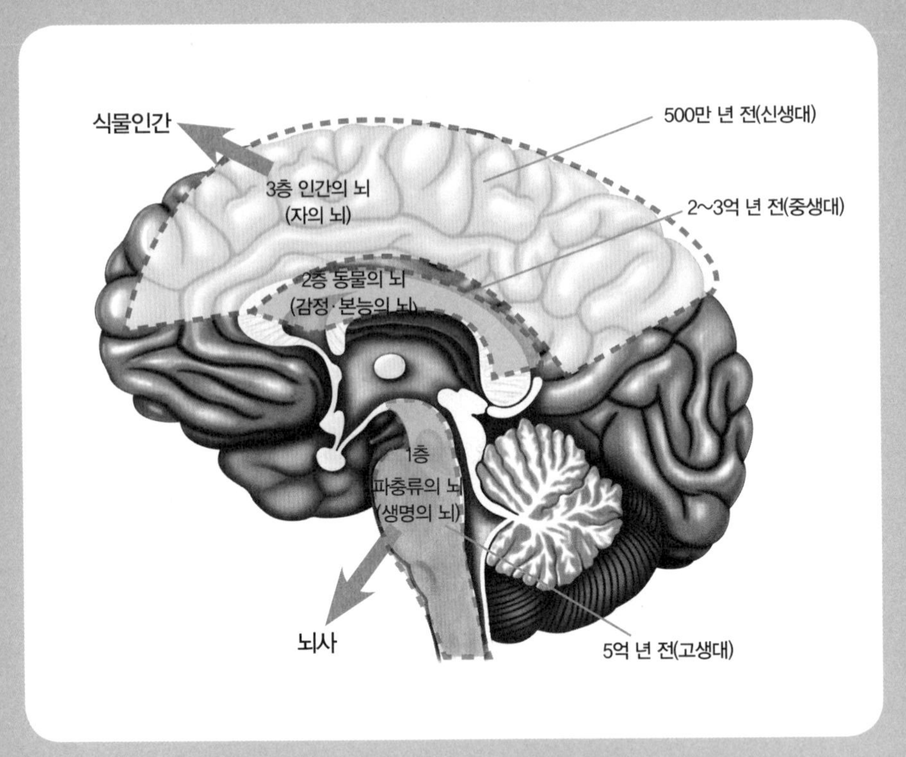

그림 9 뇌의 3층 구조

아이들은 감정과 본능 충족이 없어도 공부만으로 잘 살 수 있다는 생각은 버려야 한다. 아이는 '감정과 본능이 없는 인간'이 아니라 '감정과 본능이 아주 예민한 인간'이다. 즉 2층 동물의 뇌는 만족 없이는 살 수 없다. 따라서 건강은 기본이고 2층과 3층을 같이 발달시키는 교육이 이루어져야 한다.

대답할 것이다. 그러나 '감정의 뇌, 본능의 뇌의 발달이나 충족 없이도 살아갈 수 있는 인간인가'라는 질문에는 명확히 대답하지 못한다. 실제로 어린아이들은 어른들보다 감정과 본능이 예민해서 더 많은 만족과 충족을 원한다는 것을 가슴 깊이 인식하지 못하는 것뿐이다.

우리 아이들은 감정과 본능의 충족 없이 공부만으로 충분히 잘살 수 있다는 생각을 버려야 한다. 2층 '감정의 뇌'와 '본능의 뇌'는 3층 '지의 뇌'와 수십 조의 회로로 서로 연결되어 정보를 교환하고 있다. '감정의 뇌'가 활성화되면 '지의 뇌'가 같이 활성화되어 지적 능력이 향상된다. 그런데 3층 '지의 뇌'만 자꾸 과도하게 자극하면 회로의 용량 초과로 과부하가 일어나 '지의 뇌'가 망가질 수 있다. 3층이 광범위하게 망가지면 식물인간이나 치매가 일어날 수 있을 뿐만 아니라 스트레스로 인한 과잉학습장애가 일어나 귀중한 우리 아이의 뇌가 손상될 수 있다는 점을 명심하고 우리 아이들이 즐겁게 동기를 갖고 공부할 수 있도록 도와야 한다.

뇌가 작아서 멸종한 공룡

한때 이 지구를 한때 제패했던 공룡은 왜 갑자기 지구에서 사라졌을까? 공룡의 멸종에 대해서는 여러 가지 학설이 있지만 가장 설득력 있는 주장은 10km 크기에 달하는 거대한 운석의 지구 충돌설이다. 이 학설은 남미에 충돌한 거대한 운석이 일으킨 유황 먼지가 수년 동안 햇빛을 차단해 식물이 죽으면서 작은 동물과 생존 경쟁에 지는 바람에 에너지원을 상실한 공룡이 멸종했다는 것이다.

그러면 공룡의 뇌는 그 당시 험난한 지구 환경을 헤치고 살아갈 수 있을 만큼 우수했을까? 공룡의 몸무게는 종류에 따라 차이는 있지만 보통 수천kg 정도 나간 것에 비해 뇌의 무게는 고작 70g 정도밖에되지 않았으리라 추정되는데, 이것은 뇌의 무게가 몸무게의

2만 분의 1 정도밖에 되지 않는다(표 1). 이것은 고래나 코끼리의 뇌 무게가 몸무게의 2,000분의 1, 유인원이 100분의 1, 사람이 40분의 1을 차지하는 것과 비교해 볼 때 공룡은 뇌가 차지하는 비율은 너무나 형편없다. 그렇다면 이 정도의 뇌로 어떻게 운석이 충돌한 험난한 환경에서 살아갈 수 있었을까? 그것은 거의 불가능했으리라고 본다. 오히려 둔한 머리로 그만큼 생존할 수 있었던 것이 더 놀랄 만한 일이라고 생각한다.

사람	$\frac{1}{40}$
원숭이	$\frac{1}{100}$
고래	$\frac{1}{2000}$
공룡	$\frac{1}{20000}$

표 1 사람과 동물의 몸무게에 대한 뇌의 비율

운석의 충돌로 햇빛이 차단되지 않았다고 해도 공룡은 작은 머리 탓에 멸종할 수밖에 없었을 것이다. 그러나 공룡은 멸종하지 않으려고 뇌가 커지거나 몸이 작아져야 하는 진화 과정을 밟기도 전에 갑자기 멸종해 기회조차 갖지 못했다. 공룡의 뇌가 10배 이상

켰다면 지금도 '아기공룡 둘리'가 살아있을지도 모른다. 그러므로 우리 인간들도 공룡처럼 멸종하지 않도록 뇌를 계속해서 발달시켜 문명을 한 단계 높은 차원으로 발전시켜야 할 것이다.

인간의 뇌는 교육을 통해 서서히 발달시켜야 한다 : 뇌 발달에는 최소 20년이 걸림

350만 년도 더 된 것으로 추정되는 한 발자국이 아프리카의 어느 모래 위에서 발견되었다. 이것이 두 다리로 서서 걷기 시작한 '창조의 첫 발자국'이라고 한다. 이처럼 네 다리로 움직이다가 두 다리로 걸으면서 선조들은 후각보다는 시각에 더욱 의존하게 되었고 손이 자유로워져 도구를 만들고 창조적인 일을 할 수 있게 되었다. 그 결과 언어와 문화가 창조되었다.

인간은 네 다리로 지탱하던 체중을 두 다리로 지탱하게 되면서 허리 통증이 자주 생겼고 골반이 원숭이보다 더 두꺼워졌다. 뇌와 머리는 진화 과정을 통해 더욱 커졌지만, 골반은 두꺼워져서 아기가 태어나는 산도는 더욱 좁아졌다.

어려운 상황들은 새롭게 개선되었다. 그렇지 않았다면 인간은 이미 오래전에 멸망했을 것이다. 이 문제는 태아가 모체 밖으로 나온 뒤 초기 발달 상태에 있던 뇌가 성장하는 방법으로 진화하면서 해결되었다. 인간의 아이들은 동물들 가운데 가장 긴 시간 동안 외부의 도움이 필요하여서 인간의 뇌는 다양한 환경과 경험 그리고

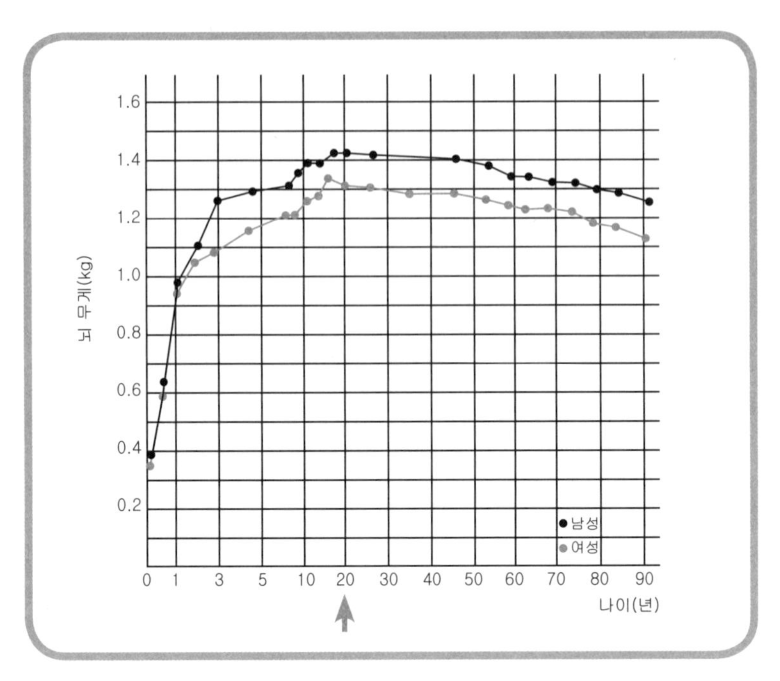

그림 10 인간의 뇌 발달 기간

인간의 뇌 발달은 최소 20년은 걸린다. 20년이란 기간은 누구도 단축할 수 없기 때문에 과잉교육이나 선행교육을 하면 아이의 뇌는 치명적인 손상을 입게 된다. 뇌 발달, 특히 감정의 뇌 발달이 급격하게 이루어지는 0세에서 3세 사이의 학습과 교육에는 암기 위주의 지적 자극보다 감정적 충족이 중요하다.

타인들에 의해 영향을 받으며 성장한다.

인간의 뇌는 기본적으로 혼자서 책임지며 살아가기 위해 최소 20년의 세월이 필요하다(그림 10). 20세 즉, 성인이 되어야 책임질 수 있기 때문에 부모 없이 결혼할 수 있고 대통령 선거를 할 수 있다. 천재라 하더라도 뇌 전체가 골고루 잘 발달하기 위해서는 최소 20년의 세월이 필요한데 발달한 뇌 부위만 더욱 발달시키고 생활 교육은 전혀 하지 않아 천재는 사회 속에서 천재성을 제대로 발휘하지 못하고 사라지고 있다는 현실을 직시할 필요가 있다. 더군다나 우리의 욕심 때문에 아이들은 짧은 시간 동안 강제적으로 무리하게 선행교육을 받고 있어서 귀중한 아이의 뇌가 망가지고 있다. 이제부터라도 우리 아이의 뇌를 나이에 따라 20년 동안 발달 단계에 알맞게 차근차근 뇌를 발달시켜주어야 한다. 특히 뇌 무게가 성인 뇌의 80~90%에 도달하고 뇌 발달이 가장 빠르게 일어나는 0~3세 사이에는 암기 위주의 지적 교육보다 사랑이 충만한 교육, 바른 교육이 아주 중요하다.

뇌 속에도 대마초가 있다?

최근의 연구 결과, 놀랍게도 인간의 뇌에 환각을 일으키는 대마초의 주성분인 '테트라하이드로칸나비놀'이 결합하는 수용체가 있음이 밝혀졌다. 즉 우리 뇌에 내인성 모르핀이 존재하고 있는 것처럼 대마초와 비슷한 환각물질이 존재하고 있다는 말이다. 또한 최근 우리 뇌에 존재하고 있는 내인성 마리화나(칸나비노이드)신경계는 두려운 기억을 제거하는 등 기억 조절 기능이 있는 것으로 알려졌다. 앞으로는 이를 조절해 우리 아이들이 경험한 두렵고도 무서운 기억을 제거하여 공부의 효율성을 높일 수 잇을 것이다. 우리는 가끔 상상속에서 아름다운 세계를 눈에 그릴 때가 있다.

이런 생각은 삶의 산뜻한 청량제, 특히 공부에 지친 아이들에게 공부를 즐겁게 할 수 있는 에너지가 될 수 있다. 우리 뇌에 있는 이러한 환각신경계를 적절히 자극하여 아이들의 뇌 발달에 활용해 보자. 첫째, 반복적 학습에 지쳐 몸과 마음이 피로할 때 잠깐 쉬면서 다양한 상상의 나래를 펴보는 것도 이 신경체계를 활성화시키는데 도움이 되며, 둘째, 가끔 미래 환상의 세계를 그린 만화, 공상과학 소설이나 영화를 보는 것도 이 신경계를 자극하여 공부의 효율성을 높일 수 있다.

02 태교와 두뇌 발달

시기별 태아의 뇌 발달

✚ 임신 1개월 : 뇌의 3층 구조가 형성된다

임신 여부를 처음으로 알 수 있는 4주째에 그림 11에서 보는 바와 같이 기본적인 뇌의 3층 구조(1층 : 후뇌, 2층 : 중뇌, 3층 : 전뇌)가 만들어진다.

✚ 임신 2개월 : 두뇌 형태가 나타난다

임신 2개월이 되면 본격적으로 몸의 각 기관이 만들어지므로 기관 형성에 영향을 미칠 수 있는 술, 담배, 커피 등을 피하고 카페인 음료도 먹지 말아야 한다. 의사의 지시 없이 약을 먹는 행위는 절대로 해서는 안 된다. 장기 형성의 장애로 기형이 나타날 수 있기 때문이다. 태아의 뇌는 다른 기관처럼 아직 형체만 있을 뿐 기능을 하지 못한다고 볼 수 있다. 하지만 양수 안의 생활환경에 따라 발달 정도가 달라지므로 엄마는 항상 몸과 마음을 편안하게 유지하도록 해야 한다.

✚ 임신 3개월 : 신체적 기관이 형성된다

임신 3개월에 접어들면 머리, 몸통, 팔, 다리의 구분이 뚜렷해지고 뇌도 제모습을 갖추고 여러 기능을 수행한다. 태아는 외부 자극을 차츰 기억하게 되는데, 아직 성인과 같은 기억력이라고는 할 수 없다. 엄마의 행동으로 어떤 자극을 받게 되면 그것이 뇌에 전달되어 흔적이 남는다. 앞에서 말한 대로 산모는 술이나 담배, 카페인 음료를 결코 입에 대서는 안 되고 스트레스를 받지 않도록 해야 한다.

✚ 임신 4개월 : 기쁨, 불안 등의 감정이 생긴다

16주가 지나면 태아의 성별을 알아차릴 수 있을 만큼 생식기도 발달한다. 사람의 두뇌는 일생을 통틀어 이 시기에 가장 많이 발달하는데 기쁨, 불안 등의 감정도 이때부터 생긴다. 따라서 엄마는 항상 즐거운 마음을 가지도록 노력해야 한다.

✚ 임신 5개월 : 소리를 들을 수 있다

태아는 이 시기부터 양수 안에서 발을 움직이며 활발히 운동한다. 이 시기에 태아의 뇌는 80% 이상 발달한다. 특히 청각이 발달해 외부의 높고 낮은 소리를 들을 수는 있으나 소리의 의미를 이해하지 못한다. 태교 목적으로 단순한 지식을 전달하는 일은 산모뿐만 아니라 태아에게 스트레스를 줄 수 있으므로 좋지 않다. 산모가 스트레스 없이 즐겁게 지내는 것이 가장 좋은 태교이다. 따라서 큰 소리로 싸우거나 화 내는 일은 삼가고 산모의 감정을 즐겁고 평온하게 유지하도록 하는 게 좋다.

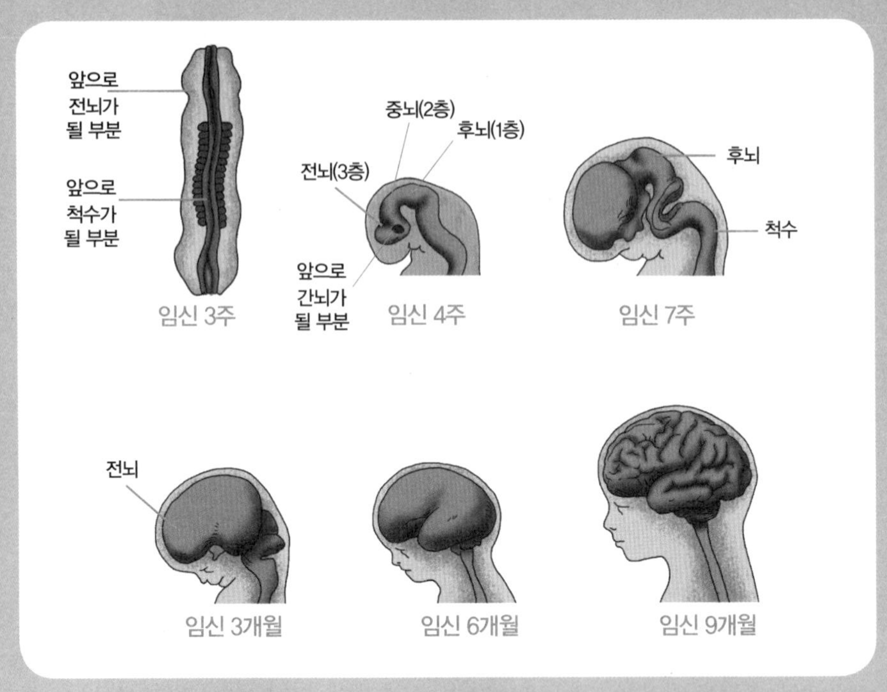

그림 11 태아의 뇌 발달 과정

✚ 임신 6개월 : 외부와 교류한다

태아가 바깥세상에도 귀를 기울이게 되는 시기이므로 조용한 환경에서 지내는 것이 좋다.

✚ 임신 7개월 : 감정을 발차기로 표현한다

바깥소리에 대한 관심이 생기는 시기로 이 무렵 태아가 가장 좋아하는 소리는 엄마의 부드러운 목소리다. 또 아름다운 음악이나 새소리, 곤충 소리와 같은 자연의 소리가 들려오면 움직이던 것을 멈추고 조용히 감상한다. 외부에 대한 반응도 빨라져서 엄마가 배를 두드리면 그곳을 발로 차며 반응을 보인다.

✚ 임신 8개월 : 단기기억이 형성되며 소리의 강약을 구분한다

단기기억이 일부 형성되어 수분에서 더 긴 시간까지 오랫동안 단순 정보를 기억하는 것으로 보고되고 있다. 그렇다고 정보의 의미를 기억하는 것은 아니다. 그러나 이때부터 태아에게 끼치는 스트레스는 태아의 뇌에 좋지 않은 영향을 주므로 조심해야 한다.

이때에는 소리의 강약을 구분할 수 있는 능력도 생겨 엄마 목소리의 강약에 따라 엄마의 기분을 알아챈다. 그러므로 엄마가 즐겁고 행복하면 그에 맞춰 아이도 엄마의 뱃속에서 편안하고 즐겁게 논다.

✚ 임신 9개월 : 배냇짓을 한다

아기가 혼자 빙그레 웃는 배냇짓이 나타난다. 아이의 감정이 더욱 풍부해질 수 있도록 엄마는 행복한 생각만 하며 출산을 준비해야 한다.

✚ 임신 10개월 : 머리를 골반에 두고 나올 준비를 한다

이 시기의 태아는 본능에 따라 바깥세상으로 나갈 때가 왔다는 것을 알고 있다. 툭툭 차대던 발길질도 멈추고 몸을 작게 오므린 다음 머리를 아래쪽의 골반에 두고 나올 준비를 하게 된다.

태아의 뇌 신경세포는 어떻게 만들어지나

'머리가 좋다' 혹은 '똑똑하다', '총명하다'는 말은 누군가의 재능을 칭찬하는 걸 뜻한다. 과연 '머리가 좋다'는 것은 어떤 상태를 말하는 것일까? 과학적 시각에서 머리가 좋다는 말을 생각해 볼 때 두뇌의 크기와 무게보다 신경회로[시냅스]가 얼마나 치밀하게 발달한 지가 중요하다. 이는 머리가 좋은 사람은 뇌에 있는 신경세포들이 서로 치밀하게 연결되어 자극에 잘 반응하고, 반응 전달 속도가 빠르며 뇌 신경회로가 원활하게 활성화된다는 말이다. 뇌가 활성화되면 기억력, 판단력, 분석력 등 지적 능력이 놀랄 만큼 향상되어 여러 가지 상승효과가 생긴다. 뇌 신경세포는 총명한 두뇌를 결정 짓는 관건이다.

그렇다면 뇌 신경세포는 어떻게 이루어질까? 뇌세포는 약 1,000억 개의 신경세포와 신경세포를 둘러싸고 있는 약 3,000억 개의 글리어세포로 이루어지는데, 신경세포는 각각 돌기를 내서 서로 뒤엉켜 신경 덩어리를 만든다. 이 돌기들은 어른이 되면 1,000조에서 1만 조 개나 되는 접합부[시냅스]를 이루며 서로 연결되어 있다. 사람의 뇌에 초고속 인터넷망을 능가하는 복잡한 회로망이 구축된 셈이다.

머리가 좋다는 것은 뇌 신경세포가 치밀하고 두꺼운 회로망 속에서 왕성하게 활동한다는 의미로 뛰어난 지능을 부모로부터 물려받지 못했다고 해도 뇌 신경세포를 활성화시키면 얼마든지 좋게 만들 수 있다. 그런데 여기서 주목해야 할 사실은 뇌 신경세포의 활성화를 위해서는 뇌에 에너지원과 산소가 충분히 공급되어야 한다는 점이다.

또한, 외부의 풍부한 감각 자극은 수상돌기의 발달에 큰 영향을 미쳐 더 많은 뇌 신경세포가 연결되도록 하므로 생후 6년 동안의 영유아 시기는 오감 자극을 균형 있게 적절히 제공해줘야 한다.

지능은 정교한 시냅스 네트워크의 발달로 이루어진다

인간의 뇌는 생명이 깃드는 순간부터 성장하기 시작한다. 이는 신경세포의 수가 증가할 뿐만 아니라 신경세포[뉴런]가 커지고 신경세포 사이를 연결하는 시냅스 가지가 치밀하고 두터워지는 과정이다. 뇌로 들어온 '신호'는 뇌세포 사이를 연결해 주는 신경회로가 담당하며, 신호를 처리하는 정교한 시냅스 네트워크가 완성되면 비로소 '지능'이 시작된다. 즉 뇌의 단순한 무게와 크기보다도 시냅스 가지가 잘 발달해 있으면 지능이 높고, 그렇지 않으면 낮다고 볼 수 있다.

뇌의 조직화가 진행되는 첫 시기는 임신 6개월이 지나면서부터다. 이 시기에는 매일 약 5,000만 개에서 6,000만 개의 뇌세포가 만들어질 정도로 뇌세포의 발육이 급격하게 진행된다. 이런 과정을 거쳐 신생아는 1,000억 개가 넘는 뇌세포를 지니고 태어난다. 다시 말해 뇌의 구조는 유전자가 결정하지만, 시냅스 수나 정보 전달의 종류는 환경의 영향을 받는다는 것이다. 지능의 틀은 유전자에 의해 만들어지고 내용물을 결정짓는 미세한 구조와 기능은 교육과 환경에 의해 좌우된다. 그러므로 지능은 유전과 환경의 상호작용으로 결정되는 것이다.

자궁 내 환경을 최상으로 만들어 주는 태교는 아기의 신체적, 정신적, 정서적 건강을 도모하는 데 매우 중요하다. 유전이나 환경 모두 지능 발달에 중요하므로 아기를 가진 임신부라면 적절한 태중 환경 조성과 올바른 태교를 해야 하지만 지적 학습은 산모나 태아에게 전혀 도움되지 않는다는 사실을 명심해야 한다. 산모가 편안하고 스트레스 없이 즐겁게 보내는 것이 가장 좋은 태교이다.

태아의 두뇌 계발을 위한 태중 환경

임신부는 태아의 두뇌 발육을 위해 좋은 자궁 환경을 만들어야 한다. 뇌의 기본구조가 형성되는 임신 초기는 물론 태아의 뇌 발육이 가장 왕성해지는 6개월 이후부터는 특히 신경 써야 한다. 태아의 뇌가 잘 발육될 수 있도록 하는 데 필요한 조건은 무엇인지 알아보자

✚ 신선한 공기를 마신다

태아의 뇌는 임신 4개월에서 6개월 사이에 주로 발달하는데 특히 이 시기에 사고[지성의 뇌], 감정[정서의 뇌, 동물의 뇌]. 운동중추가 있는 대뇌피질 부분이 아주 빠른 속도로 성장한다. 뇌는 우리 신체 가운데 산소 공급에 가장 민감한데 태아는 태반을 통해 영양분과 산소를 공급받는다. 뇌 발달 시기에 산소와 영양분을 풍부하게 공급받으면 그렇지 못한 경우보다 머리가 좋은 아이, 뇌가 잘 발달한 아이가

태어날 가능성이 높다.

사람의 뇌는 2분에서 3분 동안만 혈액이 공급되지 않아도 신경세포의 손상이 나타나 의식을 잃거나 죽게 된다. 태아에게 가장 중요한 산소와 적절한 영양분 공급을 염두에 두고 임신부는 공기가 맑은 공원이나 숲 속을 산책하며 태아에게 신선한 산소를 공급하도록 한다. 특히 폭포, 시냇물, 나무에서 나오는 음이온은 뇌 발달과 정보 전달에 중요한 여러 가지 신경전달물질의 합성을 증가시키며 나무에서 피톤치드phytoncide, 식물 살균제가 나와서 유해물질을 중화시키고 스트레스를 완화하고 임신부의 뇌를 진정시켜 주며 심폐 기능을 강화하는 것으로 알려졌다. 침엽수는 1ha당 4kg, 활엽수는 2kg의 피톤치드가 나오는데 상대적으로 더 많이 배출되는 오전에 산책하면 뇌에 더 좋은 영향을 준다. 따라서 맑은 공기를 마시며 하는 산책은 태아의 뇌 발육에 필수적인 산소를 원활하게 공급할 뿐만 아니라 모체의 혈액순환을 도와주며 마음의 안정과 맑은 정신을 유지하는 데 도움을 준다. 임신부에게 신선한 자연 공기를 마시며 산책하는 것이 어떤 보약보다도 좋다.

✚ 수시로 배를 쓰다듬어 준다

피부는 제2의 뇌라 불리는 예민한 감각기관이기 때문에 임신부는 자신의 배를 가끔 사랑스럽게 쓰다듬어 주는 것이 좋다. 부부의 피부 접촉, 즉 남편이 자주 아내의 배를 사랑스럽게 쓰다듬어 주는 것 역시 태아에게 좋다. 이러한 스킨십은 임신부의 심신 안정에도 크게 기여할 수 있다. 물론 너무 자주 심하게 쓰다듬어서 자궁 수축이 오지 않도록 주의할 필요는 있다.

✚ 뇌세포를 파괴하는 식품은 피한다

술이나 담배는 태아의 뇌세포를 파괴할 수 있기 때문에 꼭 피해야 한다. 임신 중 섭취는 뇌 발육을 억제해 소뇌증[작은 뇌]을 일으킨다[태아 알코올 증후군]. 커피, 코코아, 콜라 등의 카페인 제품의 경우 혈관 수축을 일으켜 태아의 산소 공급을 저해하고 철분과 칼슘의 흡수를 방해하므로 태아에게 공급되는 영양분까지 차단할 수 있기 때문에 삼가는 것이 좋다. 산소 차단이 두뇌에 치명적인 영향을 미친다는 사실은 이미 널리 알려졌다.

✚ 스트레스는 만병의 근원이다

엄마가 지속적으로 스트레스에 노출될 경우 엄마의 혈액 내에서 증가한 스트레스 호르몬인 스테로이드, 아드레날린, 베타엔도르핀은 뇌 발달을 억제하고 자궁 근육을 수축시켜 태아에게 전하는 혈류량을 떨어뜨린다. 만약 산소와 영양분이 충분하게 공급되지 못하면 태아의 뇌는 치명적인 손상을 입는다. 엄마의 스트레스는 태반을 통해 태아에게 고스란히 전해지는데, 태아가 긴장감과 흥분상태를

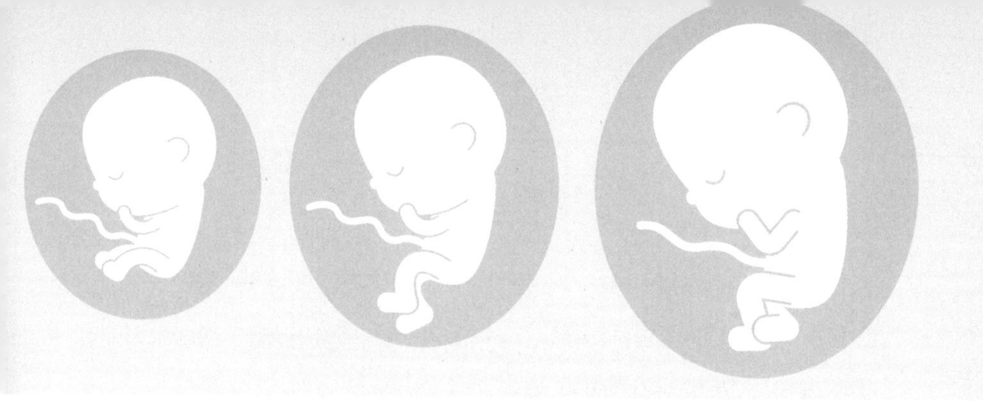

빈번하게 겪을 경우 자폐증과 같은 정신신경장애, 소아당뇨병, 고혈압 등을 겪을 수 있다. 태아의 신체 중 유난히 큰 부분인 부신이 쉽게 피로해지므로 심할 경우 뇌세포의 사멸과 뇌의 위축을 가져올 수 있다.

✚ 태아에게는 열탕 목욕이 해롭다

적당히 따뜻한 물 38~41℃ 에서 하는 목욕은 피로를 풀어 주고 신진대사를 촉진하기 때문에 우리나라 사람들은 열탕에서 목욕하는 것을 즐긴다. 그러나 임심 중에 열탕 목욕을 하면 뜨거운 물이 자궁을 통해 태아에게 직접적으로 영향을 미치고 뇌 중추신경계의 이상을 초래할 수 있기 때문에 임신 중에는 피하는 것이 좋다.

우리 몸이 높은 온도에 노출되면 신체의 혈관, 특히 자궁과 태반의 혈관이 확장되어 엄마의 혈액 속에 있는 물질이 쉽게 태아의 혈액 속으로 넘어가서 예기치 않은 영향을 미치게 된다. 열탕에서 목욕한 직후에는 태아의 뇌에 영향을 미칠 수 있는 커피나 맥주 등의 음식물을 섭취하는 것은 피해야 한다. 특히 태아의 장기가 활발히 만들어지는 임신 초기에는 엄마가 섭취하는 모든 음식이 태아의 장기 형성에 영향을 미칠 수 있기 때문에 임신부는 다른 어떤 때보다도 주의해야 한다.

좋은 영양분과 바른 마음가짐은 태아의 장기 형성에 좋은 영향을 주지만, 불필요한 약이나 흐트러진 마음가짐은 태아의 장기 형성에 나쁜 영향을 끼쳐서 기형아가 태어날 수 있다. 따라서 임신 중에는 급격한 온도 변화에 노출되지 않는 것 또한 머리 좋은 아이를 낳을 수 있는 비결이라는 것을 항상 기억하자.

✚ 감염은 기형의 원인이다

신종플루, 풍진과 같은 질병에 걸리지 않도록 특별히 조심해야 한다. 주변인들은 임신부에게 사람이 많이 모이는 곳에는 가지 말고, 몸과 마음을 조심해야 한다고 조언한다. 사람이 많이 모이는 곳에서 전염병이 쉽게 옮을 수 있기 때문이다.

최근 에볼라와 신종플루로 전 세계가 떠들썩했다. 임신부가 에볼라 바이러스나 신종플루에 걸리면 임신부의 생명이 위태로울 뿐만 아니라 유산의 위험을 높인다. 산모의 고열 증상은 태아에게 선천성 기형과 사망을 일으킬 수 있기 때문에 임신 중에는 사람이 많이 모인 곳에는 가지 않는 것이 좋다. 고위험군인 임신부가 예방 접종을 받으면 임신부의 항체 생성을 도울 뿐 아니라 태아에게 항체를 전달해 분만 이후 신생아의 감염도 예방해 준다. 항바이러스제인 타미플루는 태아의 선천성 기형 발생률을 높이지 않기 때문에 모든 임신부는 고위험군으로 신종플루가 확진되거나 의심되는 경우 투여하는 것이 태아와 임신부 모두에게 좋다. 치사율은 일반 독감보다 낮은 0.1% 미만이지만 특히 면역기능이 약한 임신부,

영유아들은 위험할 수 있기 때문에 좋은 영양 상태를 유지하면서 충분한 수면과 휴식을 취하는 것이 무엇보다 중요하다.

임신부가 풍진을 앓게 되면 태아는 심장에 이상이 생기거나 시력이나 청력을 상실할 수도 있다. 그리고 이런 감염으로 병균이 태아의 뇌에 들어가 정신 지체를 유발하는 경우도 약 20%에 이르는 것으로 알려졌다. 만약 풍진이 유행한다면 외출을 삼가고 사람들과 접촉하지 않아야 한다. 가족 가운데 풍진 환자가 있을 때는 감마 글로불린 주사를 맞고, 그렇지 않을 때에는 예방주사를 맞는 것이 좋다.

이외에도 헤르페스 바이러스에 감염되면 특히 중추신경계의 장애가 심하게 일어나 시력 장애가 오거나 심한 경우 사망할 수도 있으므로 임신부는 항상 조심해야 한다.

태아에게도, 임신부에게도 좋은 영양소

✚ 단백질, 탄수화물, 지방

뇌 신경세포가 발달하려면 신경전달물질의 원료가 되는 단백질, 뇌세포가 움직이는 에너지원인 탄수화물, 세포막과 신경전달물질의 원료도 되는 지방, 즉 3대 영양소의 고른 섭취가 필수다. 생후 2년 이내에 단백질 영양 불량으로 사망한 아이 9명의 뇌를 해부하고 건강한 아이와 비교해 본 결과, 뇌의 중량, 단백질 그리고 핵산 함량이 적었다고 한다. 또 생후 초기에 단백질의 부족은 각종 신경전달물질의 합성과 기능 저하를 초래할 수 있고 뇌세포 수를 감소시키며, 더는 성장하지 않는 뇌세포를 만들기도 한다. 따라서 우유, 콩, 생선, 치즈, 달걀, 두부, 육류 등 단백질 함량이 높은 음식을 먹는 것이 좋다. 탄수화물은 뇌세포가 움직이는 유일한 에너지원이기 때문에 적절한 공급이 필수적이다. 지방은 뇌세포막과 여러 신경전달물질과 소기관 형성에 없어서는 안 될 물질이며 모든 장기 가운데 뇌세포에 가장 많이 포함되어 있으므로 고르게 3대 영양소를 섭취한다.

✚ 신경전달물질 합성의 조력자, 신경비타민 '비타민 B군'

신경세포가 가장 많이 소비하는 신경 비타민으로 B_1(티아민), B_6(피리독신), B_{12}(시아노코발라민)가 있다. 비타민 B1은 뇌에서 유일한 에너지원인 탄수화물(포도당) 대사에 필요하므로 부족하게 될 때 집중력 저하, 피로, 현기증, 말초신경장애가 올 수 있다. 아미노산이 신경전달물질로 합성되기 위해서는 합성의 보조효소로 작용하는 비타민 B군의 도움이 필요하다.

비타민 B6는 신경정보를 전달하는 신경전달물질을 생성한다. 특히 도파민, 노르에피네프린(노르아드레날린), 에피네프린(아드레날린)과 같은 카테콜아민 신경전달물질들과 억제성 가바(GABA) 신경전달물질 그리고 헤모글로빈 생성에 필요한 보조효소로 작용하며 부족 시 과잉 행동, 경련 발작이 올 수 있다. 비타민 B_6와 B_{12}가 엽산과 함께 작용하면 나쁜 아미노산인 호모시스테인을 좋은 아미노산인 메티오닌과 시스테인으로 전환해 뇌 손상과 치매를 감소시킬 수 있는 것으로 알려졌다. 비타민 B군 음식으로는 현미, 돼지고기, 파인애플, 우유, 고등어, 치즈, 굴, 참치, 조개 등이 있다.

✚ 활성산소와 노폐물 억제, 항산화 비타민 '비타민 A, C, E'

세포가 건강해지려면 노폐물이 없어야 하는데, 두뇌도 마찬가지다. 두뇌의 노폐물 제거는 두뇌의 활동성과 연관이 있기 때문이다. 곡류 단백질과 비타민 A, C, E는 산소가 지방산과 화합하여 생기는 노폐물인 과산화물이 만들어지는 것을 억제하는 역할을 한다. 세 가지가 힘을 합쳐 산화방지제[항산화제] 역할을 해 뇌의 노폐물을 제거한다. 신선한 채소, 옥수수, 쌀겨, 콩, 우유, 달걀노른자, 참깨, 수수, 참기름, 밀 씨눈, 올리브유, 땅콩기름 등에 많이 함유되어 있다.

✚ 두뇌에 산소를 공급하는 '철분'

철분은 체내에서 헤모글로빈을 형성해 뇌세포까지 산소를 운반하도록 도와준다. 최근 들어 노인성 치매의 하나인 알츠하이머병조차 철분 결핍이 영향을 미친다는 연구 결과가 나왔다. 철분이 많이 들어 있는 음식은 쇠간, 닭간, 동물의 내장, 홍합, 대추, 쑥, 포도, 시금치, 굴, 잣 등을 꼽을 수 있다. 흔히 잎 푸른 채소에 철분이 많이 들어 있다고 생각하기 쉽지만, 식물성 철분보다 동물성 철분이 상대적으로 소화와 흡수가 잘된다.

두뇌 계발에 도움이 되는 태교법

단 1개의 세포에서 시작된 생명인 태아는 어머니의 체내에 있는 10달 동안 수천억 개의 신경세포로 분열되므로 단순하게 계산해 보아도 하루 평균 1억 개 이상의 신경세포를 만들어낸다. 태아의 뇌 발달에 영향을 주는 것은 어머니의 건강 상태나 정서 심리 상태, 외부로부터의 소리 등이다. 초음파 진단장치를 통해 태아를 보면 엄마가 기뻐하면 아기도 활발한 움직임을 보이고, 흥분하거나 우울해지면 아기 역시 경련하는 듯한 움직임을 보인다. 이는 가장 왕성한 두뇌의 신경세포 분열기에 놓여 있는 태아에게 어떤 자극을 주느냐에 따라 두뇌의 성장 정도가 달라진다는 점을 시사한다.

임신부들은 태교를 통해 무언가 좋은 효과를 얻을 수 있다고 생각한다. 좋은 그림을 보거나 영어를 듣거나 수학책을 읽으면 아기가 다방면으로 훌륭한 재능을 갖게 될 것으로 기대한다. 그러나 이것은 욕심일 뿐이다. 임신부가 명화를 보거나 즐거운 음악을 들으면 편안하고 즐거운 감정을 느끼게 되고 이 감정이 아기의 뇌에 전해져 뇌 발달에 좋은 영향을 미치는 것뿐이다. 엄마의 안정과 정서가 풍부해지면 배 속의 아기에게 좋은 자극을 주므로 단지 그것으로 유익할 뿐이다. 임신부가 직접 태아에게 영향을 미치려고 노력해서는 안 된다.

태교에서는 특히 임신부의 심리적, 정서적 안정을 중요하게 여긴다. 그 이유는 태아의 건강이 임신부의 식생활이나 신체 관리뿐만 아니라 임신부의 마음과 정신 상태에 따라서도 좌우되기 때문이다. 태아는 어머니의 태내에서 10개월이라는 긴 시간 동안 모체에 의존해 성장하고 발달하기 때문에 어머니의 정서 상태나 심리적 상태에 크게 영향을 받는다(그림 12).

✚ 엄마의 감정은 태아에게 그대로 전해진다

임신부와 태아는 태반을 통해서 거의 모든 부분을 공유하고 있기 때문에 임신 중에 엄마의 감정 상태가 태아에게 큰 영향을 미친다. 임신부가 흥분하거나 분노에 차 있으면 태아도 비슷한 흥분 상태에 놓이게 된다. 이것은 엄마가 스트레스로 긴장하여 감정 변화를 일으키면 엄마의 혈액 내로 증가한 스트레스 호르몬아드레날린, 엔도르핀, 스테로이드이 태반을 통과해 태아에게 전해져서 태아에게도 똑같은 긴장감과 흥분 상태를 유발하기 때문이다.

특히 아드레날린은 엄마의 자궁 근육을 수축시켜서 태아에게 전하는 혈류량을 떨어뜨린다. 태아는 산소와 영양분을 충분히 공급받지 못하면 뇌 기능에 치명적인 손상을 입는다. 이런 아이는 성장하면서 지능 저하나 운동 장애를 일으킬 수도 있으며 정서가 불안한 아이가 될 수도 있다. 또, 임신부가 즐겁고 명랑한 기분 상태에 있으면 태아 뇌의 신경전달물질계가 자극되어 잘 발달하나 우울감에 빠져 있으면 여러 신경전달물질계가 억제되어 발달이 더디게 된다. 임신부는 항상 엄마의 감정 상태가 그대로 배 속 아이에게 전달된다는 것을 잊지 말고 마음가짐과 몸가짐을 평온하고 바르게 가져야 한다.

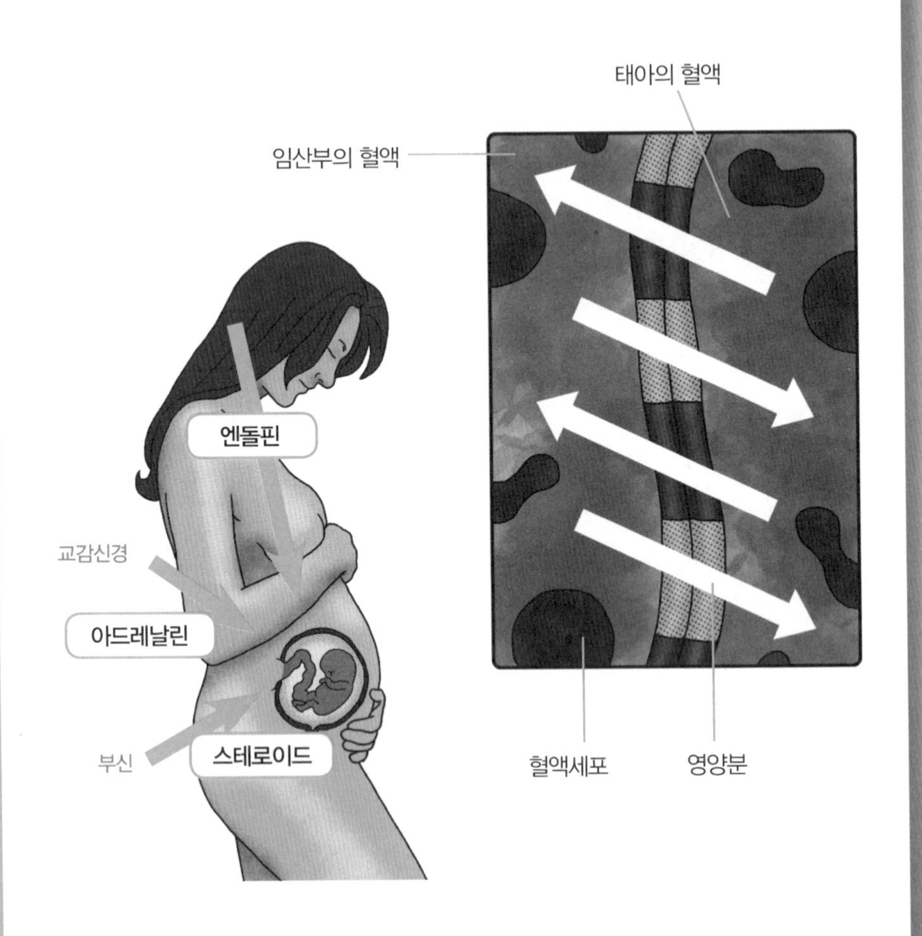

그림 12 모든 것을 공유하는 임산부와 태아

임산부와 태아는 태반 혈관 장벽을 통해 거의 모든 것을 공유한다.

출처 : 교원의학백과

우리는 임신부가 정신적으로 심한 충격을 받았을 때 유산되는 경우를 드물지 않게 본다. 매일 되풀이되는 엄마의 스트레스, 쉽게 흥분하는 감정 상태, 쓸데없는 욕심에서 오는 심적 갈등은 엄마 자신뿐만 아니라 아이에게도 나쁜 영향을 미치게 되므로 생명이 잉태되는 순간부터 부모의 역할이 시작된다는 것을 명심해야 한다. 임신부의 감정에 깊은 영향을 미치는 아기 아빠도 항상 평온한 마음과 자세를 가지도록 노력해야 한다.

✚ 아빠의 태교 : 산모를 즐겁게 해줘라

태교라 하면 산모만 하는 것으로 생각하기 쉽지만 실은 태아의 아빠도 많은 노력과 수고를 아끼지 말아야 한다. 아빠가 되는 것 역시 엄마가 되는 것과 마찬가지로 결코 쉬운 일이 아니며 어려움을 극복하는 과정에서 혈육애를 알게 된다. 이와 같은 끈기와 인내를 통해 부모는 장차 태어날 아기의 존재를 인식하고 부모로서의 자세를 갖게 된다.

부부가 함께 초음파기로 태아를 보는 것도 좋은 방법이다. 작은 아기의 심장박동을 보면 아빠도 큰 감동을 느낀다. 이렇게 하면 아빠는 흡연을 자제하게 되고, 산모에게 스트레스를 주지 않으려고 노력한다. 아빠는 산모의 마음과 기분을 즐겁게 해서 태아의 뇌 발달을 돕는다.

태아가 아빠의 목소리를 기억할 수 있도록 대화하는 시간을 자주 갖는 것도 좋은 태교법이다. 저녁에 1시간 정도 시간을 정해 놓고 취미나 흥미 있는 대상, 잘 아는 지식들을 편안하게 대화하듯

이야기하는 것이 좋다. 아빠가 말하는 내용을 이해하지는 못해도 아빠의 다정한 목소리를 기억할 수는 있다. 엄마와 아빠의 다정한 관계, 다정한 목소리는 아기의 뇌 발달, 정서 발달에 가장 중요하다는 사실을 명심하자.

✚ 과도한 학습 태교는 태아의 뇌를 망가트린다

태아의 '지의 뇌'[대뇌피질]는 시냅스 회로가 아주 엉성해 지식을 이해하고 소리를 구분해 이해하는 능력이 거의 없다. 태어나서 1년

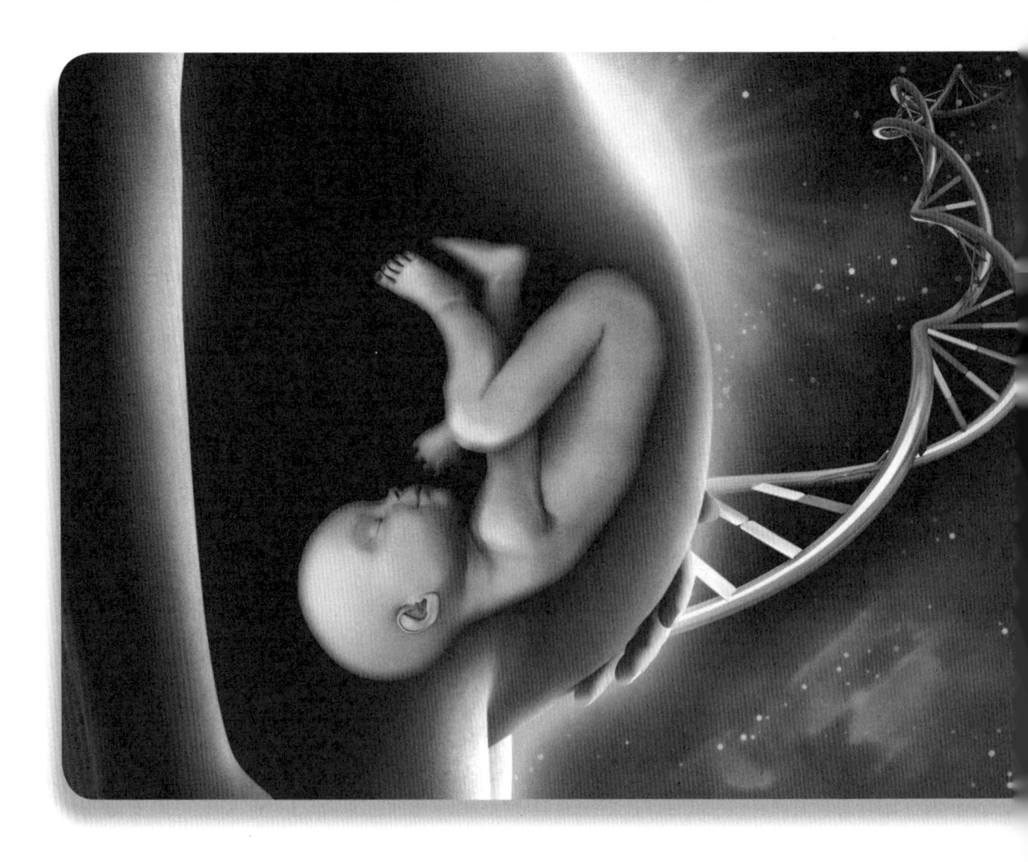

동안 영아들은 생소한 주위의 환경으로부터 본 적도 들은 적도 없는 많은 정보를 받기 때문에 하루 20시간 이상 잠을 자야 뇌가 회복되어 작동할 수 있다. 적어도 1년이 지나야 걸음마를 시작하고 '엄마', '아빠' 소리를 할 수 있는 것을 보면 알 수 있다.

영유아 시기에 과도한 지식을 전달하면 아이의 귀중한 뇌를 망가뜨릴 수 있다. 하물며 배 속에 있는 태아에게는 더더욱 그렇다. 태아 시절에는 6개월이 지나면 소리의 강약만 알 수 있고 소리를 이해할 수는 없다. 배 속에 있을 때 항상 들을 수 있는 유일한 소리는 엄마의 심장박동 소리다.

태아에게 영어나 수학을 교육하려고 산모가 공부하는 것은 전혀 효과가 없다. 오히려 산모에게 스트레스를 주어 아이의 귀중한 뇌 발달을 억제할 수 있다. 산모가 스트레스를 받지 않고 즐겁게 임신 10개월을 보낼 수 있는 것이 좋은 태교이다.

✚ 태아는 배 속에서도 느끼고 있다

태아는 배 속에 있을 때 실제로 들을 수 있을까? 청각 기능은 시각 기능이 형성되는 것보다 약 2달이나 이른 임신 20주쯤부터 형성되기 때문에 태아는 배 속에 있을 때 엄마의 목소리를 들을 수 있다고 한다. 신생아들은 처음 팔과 다리를 뻗는 행동으로 큰 소리에 대한 반응을 보이지만, 배 속에 있을 때 듣던 엄마의 다정한 목소리를 들으면 젖을 더 빨리 빨고 안정을 찾는다고 한다. 아기들이 보채고 울 때 신경질적으로 큰 소리를 내면 아기들은 울음을 그치기는커녕 더 크게 운다. 그러나 아기들은 엄마의 목소리와 비슷하고 낮은 목소리를 반복해서 들으면 곧 울음을 그친다. 배 속에 있는 태아에게는 고음보다는 저음이 더 잘 전달되기 때문에 아기들은 부드러운 저음에 더 안정적으로 반응한다.

잠 못 이룰 때 엄마의 품에 얼굴을 묻고 엄마의 심장 소리를 들으며 쉽게 잠이 드는 이유는 배 속에 있을 때부터 엄마의 심장 박동 소리가 가장 익숙하기 때문이다. 엄마의 조용하고 사랑스러운 목소리는 주위 사람들뿐만 아니라 태아 뇌 발달에 좋은 영향을 미친다.

엄마는 매일 사랑스러운 목소리로 배 속에 있는 태아에게 말을 하거나 조용한 목소리로 유익한 책을 읽는 것이 좋다. 막 태어난 신생아에게도 사랑스럽고 인자한 목소리나 태도를 보이는 것이 절대적으로 필요하다. 명심해야 할 사실은 단순한 지식 전달보다는 사랑스러운 마음과 목소리를 전달하는 것이 태교나 유아교육에서 가장 중요하다는 점이다.

✚ 음악 태교

산모가 좋아하는 음악, 마음과 육체를 이완시키는 음악이 태교에 좋다. 아기의 청각 자극을 바탕으로 한 음악 태교는 두뇌 계발에 도움이 될 수 있다. 소리에 대한 감각이 발달하면 옹알이를 일찍 시작하고 말도 빨리 배우기 때문이다. 음악은 산모의 기분과 마음을 안정시켜주고, 뇌 활성호르몬의 분비를 촉진해 산모의 뇌를 발달시킨다. 이는 태아의 뇌 발달에도 간접적으로 도움이 된다. 좋아하는 노래를 부르고 차분한 음악을 들으면 산모를 통해 태아의 뇌 발달에도 긍정적 영향을 미치는 것이다.

✚ 자연의 소리가 태교에 좋다

편안한 정서 상태에 있을 때 우리의 뇌에는 느린 뇌파인 알파파가 가장 잘 나타난다. 머리를 많이 쓰거나 행동할 때는 이보다 빠른 베타파가 나타나고, 새소리, 시냇물소리, 바람 소리, 파도 소리, 낙엽이나 눈 밟는 소리 등과 같은 자연의 소리를 들을 때는 알파파가 잘 나온다.

최근 임신부에게 컴퓨터를 이용한 태아의 심박동 검사를 한 후 자연의 소리를 들려주면서 태아의 심박동을 측정했다. 그 결과 자연의 소리를 들려준 후에 심박동이 현저히 증가한 것으로 나타났다. 이것은 자연의 소리에 의해 태아 심장의 건강한 생체신호가 의미 있게 증가한 것으로 볼 수 있고, 자연의 소리에 의해 유도된 임신부의 편안한 정서가 태아의 신체 및 두뇌 발달에 긍정적인 영향을 줄 수 있다는 과학적 증거로 생각할 수 있다.

따라서 임신부는 태아와 같이 자연의 소리를 듣거나 자연의 소리와 닮은 물리적 파동을 지닌 음악을 들으면서 스트레스가 없는 편안한 마음 상태를 갖도록 노력하는 것이 중요하다.

태아에게도, 임신부에게도 적이 되는 기호식품

✚ 임신 중 마시는 커피

커피 전문점이 매일 늘어날 정도로 커피는 우리 생활에 없어서는 안 될 중요한 기호 식품으로 자리 잡아 가고 있다. 커피가 이처럼 우리와 밀접하게 된 것은 커피 속에 들어 있는 카페인이라는 물질이 중추신경계를 자극해 정신을 맑게 해주고, 심장박동을 증가시켜 지친 우리 몸에 활기를 불어넣기 때문이다.

카페인은 우리가 매일 먹는 많은 기호식품, 즉 커피나 차는 물론 어린이들이 좋아하는 콜라나 초콜릿, 드링크제에 많이 있다. 그러나 카페인 역시 약물이기 때문에 우리의 건강에 여러 가지 영향을 미친다. 보통 커피 한 잔에는 100~125mg, 원두커피 한 잔에 200mg, 차에는 5~20mg, 초콜릿 한 조각에는 20mg, 콜라 한 병에는 50mg정도의 카페인이 들어있다.

카페인은 코코아나무나 커피 열매에 들어 있는 알칼로이드 성분으로 그 작용이 약하기는 하지만 필로폰의 주성분인 암페타민처럼 중추신경계와 교감신경계를 자극하는 효과가 있기 때문에 임신부가 신경질적이고 안절부절못하는 경우가 생긴다. 카페인은 위산 분비를 증가시켜 위궤양을 악화시키기도 하며 근육 경련이나 근육 강직을 초래해 임신부를 고통에 빠뜨릴 수 있다. 또 혈압을 상승시키기 때문에 고혈압이 있는 임신부에게는 여러모로 좋지 않다. 한편 매일 여러 잔의 커피를 마시던 사람이 갑자기 커피를 마시지 않을 때는 부작용이 일어나 혈관이 확장되어 두통을 호소하는데 이런 두통을 '카페인 두통'이라고 한다. 직장인이나 수험생들이 고카페인 음료를 찾지만, 카페인이 주는 부작용 때문에 최근 학교에서는 고카페인 음료 판매를 금지하고 있다.

하루에 여러 잔의 커피를 즐기던 여성이 임신한 뒤에도 계속해서 그대로 마신다면 어떻게 될까? 마시는 양에 따라 차이는 있겠지만,

동물실험 결과, 기형아를 낳을 확률이 높은 것으로 나타났다. 즉 카페인은 태반을 쉽게 통과하기 때문에 태아의 몸속으로 들어가서 여러 가지 영향을 미칠 뿐만 아니라 뇌 신경세포 성장에 큰 영향을 끼친다.

얼마만큼의 커피를 마시면 안전한지를 정확히 말할 수 없지만, 3잔 이상은 태아의 건강을 위해 삼가는 것이 좋다. 미국 예일 대학교팀은 임신 16주 이전의 2,929명의 임신부를 대상으로 조사한 결과 카페인 음료 섭취를 줄인 임신부에 비해 카페인을 매일 300mg 보통 커피 3잔, 차 10잔 이상 마신 임신부에서 유산 위험성이 2배 이상 높다는 사실을 보고하였다. 연구진은 '임신 초기에 다량의 카페인을 섭취하면 알코올이나 흡연보다도 자연유산 될 위험성이 더 높아진다'고 경고했다. 카페인이 임신부의 혈관을 수축하거나 태아의 호흡과 태동을 자극해서 유산의 위험성이 증가하지 않나 생각한다.

이번 연구는 연구자나 일반인들에게 지금까지 무심코 마시던 음료가 불임이나 유산을 일으키는 원인이 될 수 있음을 경고했다는 점에서 의의가 있다. 임신부들은 하루 3잔 이상의 커피를 마시지 않는 것이 자신과 태아의 건강을 위해서 좋다. 임신부는 항상 혼자 몸이 아니고 하나의 생명과 함께한다는 사실을 인식하고 먹고 싶은 기호식품이 있다 해도 참을 줄 아는 자세를 가져야 할 것이다.

✚뇌 성장에 치명적인 담배

우리의 신체 장기 중에서 뇌는 산소의 영향을 많이 받는 취약한 부분이다. 뇌는 몸무게의 2.5%, 펼치면 신문지 한 장 정도의 적은 표면적을 차지하지만, 산소 소모량과 혈류량은 10배인 20%를 차지할 정도로 가장 왕성한 활동을 한다.

담배는 엄마의 몸에서 태반을 넘어 태아로 가는 혈액에 산소 부족을 일으키는 것으로 보고되었다. 뇌가 빠른 속도로 성장하는 태아기에 산소가 부족하면 고도의 정신 기능과 창조 기능을 하는 대뇌피질과 뇌 기능의 이상이 초래되어 지능이 저하되거나 정신신경계의 이상이 나타날 수 있다.

미국 에모리 대학교 캐럴라인 드루스 박사는 특별한 이유 없이 정신박약 증세를 보이는 자녀를 둔 어머니 221명과 정상적인 자녀를 둔 어머니 400명을 대상으로 벌인 역학조사를 통해 임신 중 흡연 여성은 비흡연 여성보다 정신지체인을 출산할 위험이 평균 50%나 높다는 연구결과를 내놨다. 드루스 박사는 정신지체인을 출산한 여성 중 34%는 임신 중 일주일에 5개비 정도의 담배를 피운 것으로 나타났으며, 임신 중 하루 한 갑을 피운 여성은 정신지체인 출산 위험이 무려 85%나 높아진다고 밝혔다. 특히 태아의 신체기관이 형성되는 시기인 임신 6개월까지는 담배를 피운 여성은 피우지 않은 여성에 비해 정신지체인 출산 위험이 60%나 더 높은 것으로 나타났다.

최근 임신 중에 지속해서 간접흡연에 노출된 여성이 낳은 아기는 면역반응을 일으키는 데 중요한 역할을 하는 T세포가 유전적으로 변이될 위험이 정상인보다 크다고 보고되었다. 즉 간접흡연에 의해서도 태아의 유전변이가 일어날 수 있기 때문에 임신부가 있는 곳에서는 담배를 피우지 말아야 한다. 산소가 부족한 환경에서 성장한 태아의 뇌는 제대로 기능할 수 없다. 특히 담배 속의 니코틴이 태아에 들어가게 되면 유산이 되거나, 영양결핍 혹은 저체중이 나타날 수 있으며 심한 경우 무호흡 증후군을 가진 아이가 태어날 수 있다.

임신부가 술이나 담배 중 하나를 접한 경우 태어난 아기는 정상 아이보다 성장 속도가 2배 정도 느리며, 둘 다 접하게 되면 4배 정도 느리다는 보고가 있다. 당장 눈에 띄는 현상이 보이지 않는다 해도 자라면서 태아의 뇌 성장과 신체적 성장이 느려진다는 것은 심각한 일이다.

✚두뇌 발달을 저해하는 알코올

흔히 아기는 미각이 발달해 있지 않아 맛을 잘 느끼지 못할 것으로 생각한다. 하지만 아기들의 하루는 먹고 자는 일이 전부이기 때문에 거의 모든 신경을 맛에 집중하고 있다고 봐야 한다. 아기들은 모유 속에 들어 있는 성분에 대단히 민감할 뿐만 아니라 젖을 빨면서 오늘 엄마가 먹은 음식이 무엇인지, 엄마의 기분이 좋은지 나쁜지를 상당히 정확하게 파악한다. 엄마가 즐거운 기분으로 음식을 맛있게 먹으면 모유가 맛있고, 불쾌한 상태에서 음식을 맛없게 먹으면 모유의 맛도 없어지기 때문이다. 아기들이 열이 없는데도 배고프다고 자꾸 울면서 젖을 물려도 잘 빨지 않을 때는 엄마가 어떤 음식을 먹었는지 생각해 보아야 한다.

특히 아무 생각 없이 한두 잔 마신 술도 젖을 통해 아기에게 전달되는데 이 경우 아기는 모유를 잘 먹으려고 하지 않는다. 알코올은 엄마의 체내 호르몬 분비에 영향을 미쳐 모유 생산량을 줄이기 때문에 젖을 먹이는 동안 술은 피하는 것이 좋다. 산모는 탯줄을 통해 아기에게 끊임없이 영향을 미친다.

임신부가 마시는 술은 탯줄을 통해 태아의 발육과 성장에도 큰 영향을 미친다. 특히 알코올은 어떤 물질보다 태반을 잘 통과하기 때문에 태아의 뇌세포 성장에 큰 영향을 준다. 산모가 일정량의 알코올을 마시면 세 가지 중요한 장애가 나타난다.

첫째, 출생 전후에 성장장애가 나타난다. 둘째, 지능 저하나 행동 장애와 같은 중추신경계 이상 증세가 나타난다. 셋째, 머리가 작거나 얼굴이 납작해지는 등 얼굴과 머리 모양의 기형이 나타난다. 알코올로 인해 태아에게 일어나는 장애를 '태아 알코올 증후군'이라고 부른다. 어떤 연구에서는 임신부가 술을 하루에 한두 잔 정도 아주 소량을 마셔도 신생아의 체중이 감소하고 자연유산이 증가할 수 있다고 보고했으며, 서구에서 가장 흔한 지능 저하나 기형을 일으키는 원인 역시 음주라는 통계가 있다. 최근 서구 선진국의 추정으로는 1,000명당 2명에서 3명의 신생아가 태아 알코올 증후군을 나타내며 알코올과 관련된 출산 장애까지 포함하면 전체 출산장애의 약 5%가 알코올과 관계있다는 결과를 얻을 수 있다. 이상의 설명에서 볼 수 있듯이 임신 중에 여성이 술을 반복해서 마시면 적은 양이라고 하더라도 태아에게 미치는 영향은 매우 심각하다.

동물 실험에서 알코올은 사람에게 심각한 장애를 초래한다는 것을 잘 보여준다. 새끼를 가진 동물에게 하루 한두 잔의 술을 투여하면 태아 알코올 증후군과 같은 얼굴 모양과 기형이 나타나는 것을 볼 수 있고, 출생 시에는 체중과 지능이 감소하고 중추신경 장애가 동반되는 것을 볼 수 있다.

임신부가 술을 마시면 태아에게 직접 독으로 작용할 뿐만 아니라 산모의 정신 상태와 마음가짐이 태아에게 나쁜 영향을 주기 때문에 절대적으로 나쁘다는 것을 알아야 한다.

03 두뇌를 발달시키는 육아 로드맵

최근 미국 연구팀은 최신 영상기법으로 뇌를 촬영하고 연구하여 인간의 두뇌 발달이 앞쪽에서 뒤쪽으로 일어난다는 사실을 밝혔다(그림 13). 탄생 직후 성인 뇌의 25%인 350g에 불과하던 뇌는 생후 3년 만에 1,000g에 도달할 정도로 급격히 성장한다. 이후 3세에서 6세까지 우리 두뇌는 사고와 인성 기능을 담당하는 앞쪽 뇌인 전두엽[이마엽] 부위에서 신경회로의 발달이 최고도에 이른다.

적절한 조기교육은 뇌 발달에 중요한 역할을 한다. 조기교육이 중요하다고 해서 초등학교 때 가르쳐야 할 내용을 몇 년 앞서 유치원 시기에 가르치는 선행교육은 적절한 조기교육이 아니라 뇌를 망가뜨리는 조기교육이다. 이런 의미에서 조기교육보다 적절한 뇌 발달 시기에 맞는 적절한 내용을 가르치는 '적기교육'이 이루어져야 한다.

초등학생 나이인 7세에서 12세 사이에 뇌 회로는 전두엽에서 뇌 중간 쪽으로 발달 중심이 이동한다. 입체 공간적 인식 기능을 하는 두정엽과 언어 및 이해 기능을 하는 측두엽 부위이다. 사춘기에 접어드는 13세에서 15세 사이에는 뇌 뒤쪽으로 발달 중심이 옮겨간다.

이와 같은 사실을 바탕으로 3세에서 6세 사이의 유아에게는 전두엽의 발달을 위한 교육을 해야 한다. 즉, 전두엽의 기능인 동기부여 기능, 주의집중을 통한 창의적 계획 수립 기능, 실행 기능, 인간성·도덕성 기능, '감정의 뇌' 제어 기능을 촉진하는 교육에 중점을 두는 것이다. 즉 '붉은 것은 사과, 사과는 맛있다'는 식의 단순한 암기식 지식 교육보다는 '붉은 것에는 어떤 것이 있을까? 사과는 붉은색도 띠지만 초록색, 노란색도 띤다'는 식의 종합적이며 다양한 사고를 유도하는 창의적 교육을 하는 것이 바람직하다. 사회와 가정에서의 인간 교육, 예절 교육을 적극적으로 하여 사회와 가정 속에서 아이들이 해야 할 일, 지켜야 할 일을 교육하는 것이 좋다. 즉 '세 살 버릇이 여든까지 간다'는 옛말을 다시 한 번 새겨서 인성 교육을 유아 시기에 시작하여야만 제대로 인간성과 도덕성이 발휘된다. 유아 시기에 인성·도덕 교육을 하지 않고 후일 중·고등 시기나 대학에서 시작하게 되면 인간성과 도덕성이 제대로 발휘되지 않는다.

오늘날 유치원 교육은 초등학교에 들어가기 전에 사전 지식을 익혀야 한다는 것에 너무 집착해 이 시기의 두뇌 발달에 적합한 동기유발 교육, 창의 교육과 인성 교육을 등한시한다. 영어와 수학 교육, 암기 위주의 지식 교육에 더욱 중점을 두고 있다. 6세에서 12세 사이에 있는 아동에게는 두정엽의 기능인 입체 공간적 과학과 수학

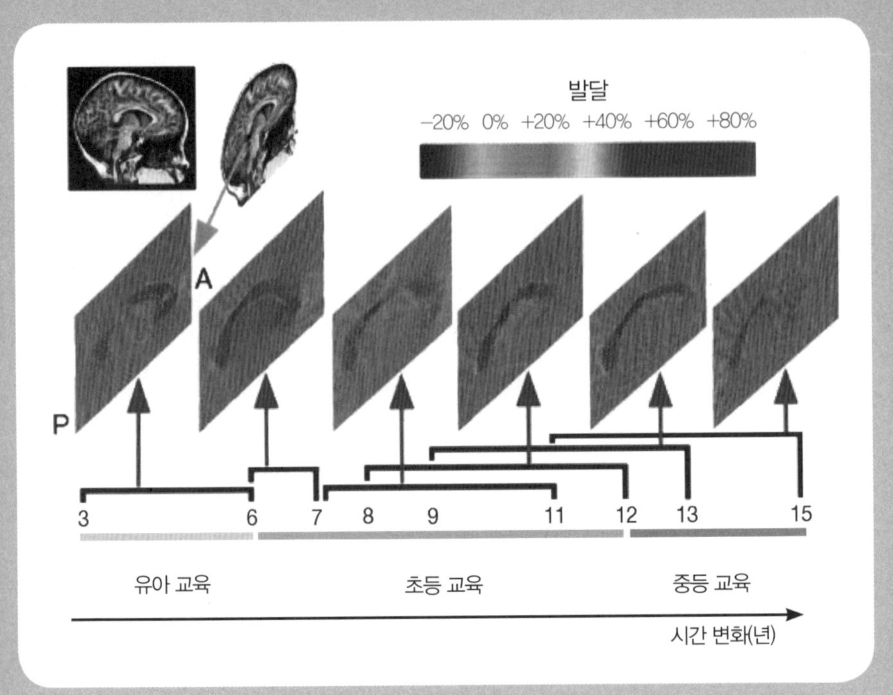

출처 : Thompson et al. Nature(2000)

그림 13 앞쪽에서 뒤쪽으로 발달하는 뇌량(좌우뇌를 연결하는 다리)
3세에서 6세까지는 앞쪽 뇌인 전두엽이 발달하고, 6세에서 13세까지는 중간에 있는 뇌 부위인 측두엽, 두정엽 부위가 발달하며 13세에서 15세까지는 뒤쪽 뇌인 후두엽 부위가 발달한다.

교육, 측두엽 기능인 언어 기능인 국어와 영어 교육을 집중적으로 하는 것이 좋다. 중·고등학교 과정의 수학·과학 교육도 초등학교 시절에 실험을 통해 원리를 이해하는 교육으로 접근하는 것이 더 효과적이다. 언어는 단순히 단어의 연결이 아니라 다양한 인지 기능을 같이 표현할 수 있어야 하므로 외국어와 모국어를 포함한 언어 교육은 인지 기능이 발달하기 시작하는 초등학교 시기에 시키는 것이 가장 좋다.

1단계: 0~3세

자궁 내에서 2층 '감정의 뇌', '본능의 뇌'는 상당 부분 정보가 입력되어 있으나 태어난 후 나머지 감정의 뇌가 빠르게 발달하므로 이 시기는 사랑을 듬뿍 주는 시기이다. 이 시기는 3층 '지의 뇌', '이성의 뇌' 회로가 별로 발달해 있지 않아 전뇌가 고루 발달하도록 다양한 자극을 주는 것이 좋다.

태어날 때 350g에 불과하던 뇌는 생후 3년 만에 1,000g에 도달할

그림 14 감정의 뇌 발달 교육

2세까지 대뇌피질의 회백질과 백질 용적이 빠르게 커지며 2세까지의 애착 경험은 '감정의 뇌' 성장에 직접적인 영향을 미친다. 따라서 0세에서 3세까지 '감정의 뇌'가 최고로 발달할 수 있도록 사랑을 듬뿍 주는 것이 중요하다.

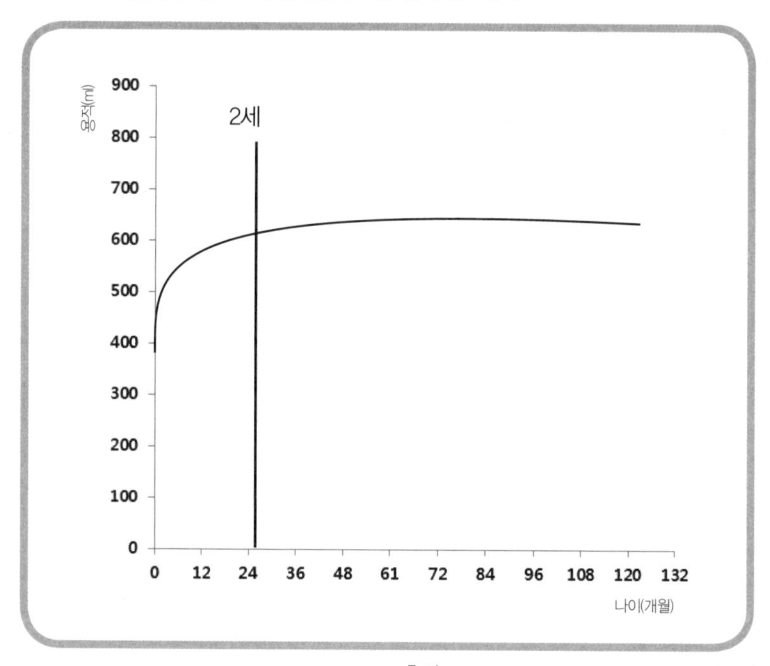

출처 : Matsuzawa et al., Cerebral Cortex(2001)

만큼 전체적으로 크게 성장한다. 뇌의 신경세포 수는 약 1,000억 개로 태어날 때 가장 많다. 머리의 좋고 나쁨은 신경세포 회로의 치밀한 정도, 즉 시냅스가 얼마나 정교하게 많이 발달하느냐에 따라 결정된다. 이러한 신경세포 회로는 만 3세까지 활발하게 성장한다.

다른 시기와 달리 고도의 정신활동을 담당하는 대뇌피질을 이루는 전두엽, 측두엽, 두정엽, 후두엽이 골고루 발달하도록 고른 자극을 주는 것이 좋다. 어느 한 부분의 기둥만 의지하면 집이 무너지듯 기본적인 뇌의 기둥은 골고루 발달해야 한다. 이 시기에는 다양한 영역의 정보를 오감으로 왕성하게 전달받을 수 있도록 하는 것이 두뇌 발달의 기초이다.

(1) 잘 자는 아이가 뇌 발달에 유리하다.

갓난아기들은 하루 대부분을 잠을 자면서 보낸다. 이 시기에 아기들이 잠을 많이 자는 이유는 뭘까? 아기들의 뇌는 신경세포는 있지만, 신경회로, 즉 시냅스가 발달하지 않아 매우 엉성한 두뇌 구조를 지니고 있다. 그러나 갓 태어난 아기가 보고 듣고 느끼는 정보의 양은 엄청나다. 엉성한 회로에 사방에서 전해오는 수많은 정보 때문에 아기의 뇌는 쉽게 지치기 때문에 하루 20시간 정도 잠을 잔다. 활동량이 그만큼 많기 때문이다.

정보를 받아들이는 데 지친 아기는 금세 잠에 빠져든다. 잠을 자는 동안 뇌세포가 휴식을 취하고 기억을 재정비하며 이 과정에서 기억력이 강화된다. 잠을 안 자고 보채는 아이들은 원인을 찾아내서 수면을 유도하는 것이 좋다. 잠을 푹 자야 뇌가 잘 발달한다.

(2) 오감을 통해서 다양한 자극을 준다.

이 시기는 뇌 전체가 골고루 왕성하게 발달하므로 편중된 학습은 좋지 않다. 예를 들어 독서만 많이 시킨다든지, 언어 교육을 무리하게 시킨다든지 등의 일방적이고 한쪽으로 치우친 학습 방법은 좋지 않다.

강아지를 공부한다고 하면, 강아지가 그려진 그림책이나 비디오를 보여주는 것보다는 직접 강아지를 보여주고[시각 자극], 만져서 느끼며[촉각 자극], 냄새를 맡고[후각 자극], 강아지가 멍멍 짖는 소리를 듣는[청각 자극] 등 오감을 골고루 자극하는 종합 교육이 되어야 두뇌 발달에 효과적이다.

오감 학습을 통해 두뇌를 자극할 때 꾸준한 학습이 이루어져야 뇌 발달에 효과적이다. 스치듯 지나가는 정보는 신경회로를 만들긴 하지만 곧 없어지고 만다. 꾸준히 지속적인 정보를 주어야 신경회로가 튼튼해지고 치밀하게 자리 잡아 장기기억으로 견고하게 저장된다.

(3) 부지런한 손놀림과 기어 다니기는 균형적인 두뇌 발달을 이끈다.

뇌에서 가장 넓은 면적을 차지하는 것이 손을 담당하는 부위다. 인체 각 부위의 기능을 관장하는 부분을 뇌 위에 펼쳐 지도를 만들면, 뇌의 핵심 부분인 운동중추 사령실 면적의 30%가 손에 해당한다. 뇌지도 위에서는 인체의 손과 입, 혀가 크고, 몸통은 아주 작은 기형적인 모습이다(그림 15). 사령실 크기는 운동의 정밀도와 복잡성에 따라 정해지므로 손가락의 움직임이 얼마나 정교한 정보

처리를 요구하는지 알 수 있다.

이론적으로 손 근육이 발달하는 시기는 생후 18개월 이후지만, 갓난아기 때부터의 손놀림은 두뇌 발달에 도움이 되므로 시기와 관계없이 손으로 하는 놀이를 자주 해주는 것이 좋다. 15개월 무렵부터 아이는 손가락 놀림이 정교해진다. 좁은 틈이나 구멍에 물건을 넣을 수 있게 되면서 양손 쓰기가 익숙해지고 18개월부터는 왼손이나 오른손을 사용하는 데 뚜렷한 선호도를 보인다. 아이들 대부분은 오른손 사용에 익숙해지게 되는데 이때 왼손을 이용한 놀이를 자주 시켜 우뇌 발달도 같이 유도해 주는 것이 좋다.

아이의 두뇌를 발달시키는 방법은 아이가 즐겁게 할 수 있는 생활 놀이가 좋다. 즉 젓가락질, 연필 깎기, 가위질하기, 종이 찢기, 악기 연주, 운동화 끈 매기, 책장 넘기기 등 생활 속에서 자연스럽게 이루어질 수 있는 손 놀이를 많이 하게 한다. 도구를 사용함으로써 물체의 상호 관계를 이해하고 사고력이 발달한다.

아기는 가능한 한 많이 기어 다니도록 하는 것이 좋다. 아기는 처음에는 두 눈을 한곳에 집중하지 못한다. 그러나 아기가 기기 시작하고 갑자기 앞으로 움직이면서 소파나 식탁 등에 부딪히게 된다. 이런 과정을 통해 아기는 두 눈을 사용해야 할 필요성을 느낀다. 이후 아기는 움직일 때마다 점차 시야를 정하고 두 눈을 모아 대상을 집중해서 바라본다. 아기가 두 눈을 집중시켜 목적지를 정해 놓고 기어가는 행동은 두뇌 발달에 큰 영향을 미친다. 아기가 기어 다니려면 두 팔과 두 다리의 균형과 힘을 맞춰야 하는데 이때 아기의 좌·우뇌 발달이 균형적으로 이루어진다.

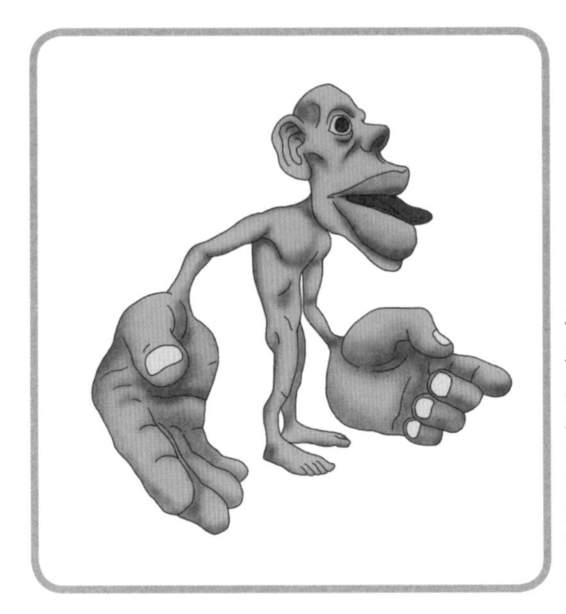

그림 15 뇌의 크기 배율대로 그려 본 사람의 몸(호문클루스)

예민한 혀와 입술, 손은 뇌에서 매우 넓은 감각 영역을 차지하고 있다. 특히 손은 운동중추의 약 30% 정도 넓은 운동 영역을 차지하고 있기 때문에 손을 부지런하고 정밀하게 움직이면 뇌의 넓은 부위가 자극받아 발달한다.

신발을 신을 때나 물건을 잡으려 할 때 왼쪽과 오른쪽의 방향감각을 일깨워 주고, 구르기 놀이를 할 때 오른쪽과 왼쪽으로 번갈아 구르게 하는 것도 좌 · 우뇌 모두를 자극해서 균형적인 발달을 이끄는 방법이다.

(4) 제2의 뇌인 피부, 스킨십은 두뇌 발달에 좋다.

피부는 엄마 배 속에서 뇌와 같은 외배엽에서 나와 발달하기 때문에 뇌와는 형제간이며 '제2의 뇌'라고도 불린다. 피부는 뇌와 풍부한 신경회로로 연결되어 서로 정보를 주고받기 때문에 아주 약한 자극도 뇌에 잘 전달된다. 피부감각을 발달시키는 것은 뇌 발달과 직결된다. 부모가 아이와 목욕을 같이하면서 아이 피부 씻겨 주기, 머리나 등을 자주 쓰다듬어 주기, 자주 안아 주기, 볼에 뽀뽀하기,

업어주기, 마사지 등 사랑이 담긴 잦은 피부 접촉은 아이의 두뇌 발달을 촉진하는 효과뿐만 아니라 정서 안정에도 큰 도움을 준다.

(5) 모유를 통해 고른 영양과 사랑을 주는 것이 중요하다.

빨리 직장생활을 하거나 모유를 먹이는 수고로움과 통증에서 벗어나려고 모유의 생성을 억제하는 약을 먹는 산모들이 늘어나고 있다. 산모들이 아기에게 젖을 먹이지 않는 것은 아기의 육체적 성장과 정신적 발육에 바람직하다고 할 수 있을까?

아기들은 젖을 빨면서 엄마의 따뜻한 가슴에서 울려오는 심장 박동 소리를 듣고 이 세상의 무엇과도 바꿀 수 없는 마음의 평온함과 활력소를 얻는다. 엄마의 따뜻하고 강한 심장박동 소리는 아기에게 다정한 자장가일 뿐만 아니라 용기를 주는 북소리가 된다.

모유를 먹는 기간 동안 아기들은 대부분 시간을 먹고 자면서 엄마와 정신적 · 신체적 접촉을 한다. 엄마의 따뜻한 체온과 향기로운 냄새, 심장 소리를 들으면서 잠을 자기 때문에 불면증에 빠지는 아기도 거의 없다. 엄마의 체취를 느끼고 심장 소리를 들을 수 있다면 잠 못 이루는 많은 어른도 불면증을 고칠 수 있을 것이다. 아기들은 보통 엄마와 하나가 된 일체감 속에서 곧 다가올 위기를 대처할 용기와 힘을 얻는데, 요즘 엄마들의 사회활동 증가로 이런 소중한 기회를 얻지 못하는 경우가 많이 늘고 있어 우려된다.

모유는 아기의 두뇌 발달에 도움이 될 뿐만 아니라 면역 글로불린 등을 많이 함유하고 있어서 외부로부터 오는 균에 대한 방어력을 키워준다. 그리고 모유 속에 들어 있는 성선자극호르몬 등은 아기의 신체 발달에 많은 도움을 준다. 신체적인 도움도 중요하지만, 엄마의 따뜻한 사랑을 피부로 느끼면서 얻는 정서적 안정감 또한 아기가 엄마로부터 얻을 수 있는 가장 소중한 선물이다.

(6) 꼭꼭 잘 씹어 먹으면 아이의 기억력은 올라간다.

손은 뇌의 운동중추와 감각중추에서 가장 넓은 부위를 차지하고 있으며 그다음으로 입과 혀가 뇌에서 넓은 부위를 차지한다. 그만큼 뇌에 많은 자극을 준다. 음식을 혀로 굴리며 씹고, 먹고, 맛을 느끼는 과정 자체가 아이들의 뇌 발달과 밀접한 관계가 있다.

즉석 식품이나 간편 식품에 길든 아이는 씹기를 싫어한다. 그런 음식들은 재료를 모두 잘게 갈아서 만들기 때문에 굳이 씹지 않아도 잘 넘어간다. 아이들은 그런 음식에 익숙해지면 음식물 씹기를 귀찮아한다. 하지만 아이에게 꼭꼭 씹어 먹는 습관은 아주 중요하다.

음식물을 씹는 습관은 이유기에도 길들 수 있다. 이유식은 균형 잡힌 영양을 공급한다는 의미가 있지만, 아이 스스로 숟가락으로 떠먹고 다양한 음식 맛을 입과 혀로 느끼게 하는 것도 중요하다. 이유기 때도 젖병으로 먹게 하면 아이는 음식 맛을 잘 모르고 씹으며 먹는 것을 꺼린다. 음식물을 30번 정도 씹는 과정은 뇌에도 자극을 준다. 최근 한 연구는 30번 정도 꼭꼭 잘 씹어 먹으면 기억 중추인 해마로 가는 혈류가 증가하고 해마가 더 두터워져 기억력이 좋아진다는 결과를 얻었다(그림 16). 그러한 자극은 뇌 신경회로를 전반적으로 활성화하는 효과가 있으므로 치아 수가 적어 씹는 것이 좀 힘들더라도 어릴 때부터 이러한 습관을 길러 주는 것이 좋다.

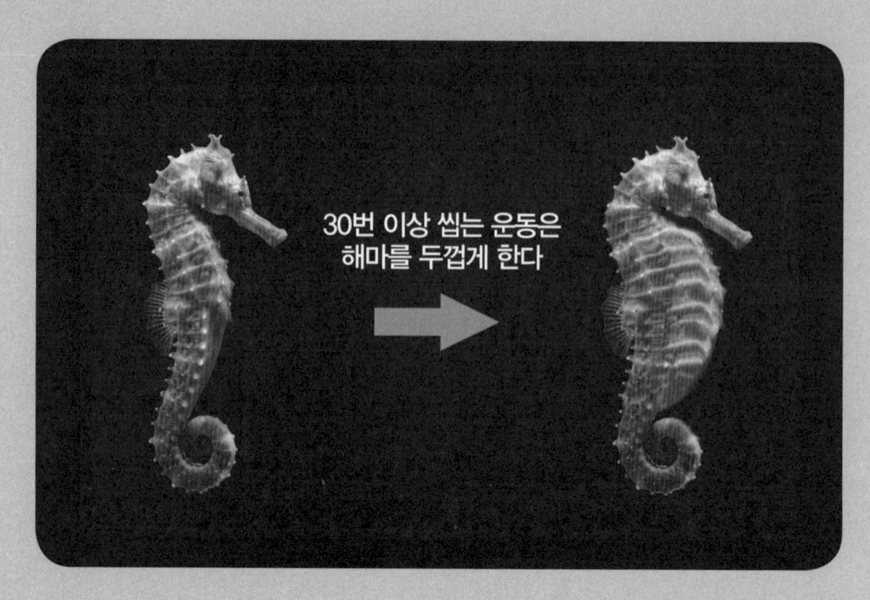

그림 16 해마의 성장
30번 이상 꼭꼭 씹어 먹으면 해마로 가는 혈류가 증가하여 해마가 두꺼워서 기억력이 올라간다.

(7) 아이의 편식은 엄마의 식습관 때문에 온다.

탄수화물은 뇌세포에 에너지를 전달하고, 단백질은 세포막과 신경전달물질을, 지방은 신경세포막과 일부 신경전달물질들의 형성을 돕는다. 3대 영양소를 골고루 충분히 섭취하면 건강에 좋고 두뇌 발달에도 도움이 된다. 고른 영양을 섭취하려면 편식을 하지 않아야 한다. 이유기에 다양한 음식 맛을 보여주고 음식에 대한 거부감을 없애 주면 성장하면서 편식 습관을 예방할 수 있다.

최근 쥐 실험 연구 결과를 보면 아이의 편식은 임신 중 어머니의 편식과 밀접한 관계가 있음을 알 수 있다. 임신 중 탄수화물을 주로 섭취한 어미 쥐에서 태어난 새끼 쥐는 탄수화물을 주로 섭취하였고, 단백질을 섭취한 어미 쥐에서 태어난 새끼 쥐는 단백질을 주로 섭취하였다. 따라서 임신 중에 산모는 편식하지 않고 고른 영양을 섭취하는 것이 아이의 편식을 없애는 방법이다.

(8) 아침밥은 두뇌 발달을 돕는다.

깊이 잠에 빠진 시간에는 신체의 모든 장기도 수면 상태에 빠진다. 잠에서 깨어나면 장기도 서서히 활동을 시작한다. 신체가 활동하려면 에너지가 필요한데, 뇌의 활동에는 심장이 피를 온몸에 보내기 위해 사용하는 에너지의 3배에 달하는 약 400kcal의 에너지가 필요하다. 아침 식사를 하지 않고 일이나 공부를 시작하는 것은 차에 기름을 넣지 않고 운전을 시작하는 것이나 총알이 부족한 총을 가지고 전쟁터에 나가는 것과 같다. 뇌의 에너지는 당에서 생성되기 때문에 탄수화물을 섭취해야 뇌가 활발히 움직인다. 아침 식사를 거르면 에너지가 부족해져 몸에 힘이 쭉 빠지는 것을 느끼게 된다. 아침 식사를 거르지 않고 꼬박꼬박 챙겨 먹는 것만으로도 두뇌 발달에 효과적이다.

(9) '감정의 뇌' 발달을 위한 교육이 가장 중요하다.

갓 태어난 아기의 '지의 뇌'는 회로가 별로 발달하지 않지만, '감정의 뇌'는 상당 부분 발달해 있다. 태어나서 2세까지 일생 중에서 가장 빠르게 성장하므로 이 시기엔 부모와의 애착 경험이 아주 중요하다. 그러나 애착 경험이 제대로 형성되지 않으면 평생

애착장애 질환을 겪거나 연쇄 살인자가 될 수 있다는 연구 보고가 있다. 따라서 영유아기에는 지나친 선행 학습을 피하고 부모의 사랑을 듬뿍 전달하도록 한다.

2단계: 3~6세

(1) 종합적인 사고 기능을 담당하는 전두엽(이마엽)을 발달시킨다.

이 시기에는 전두엽이 집중적으로 발달한다. 전두엽은 동기부여를 통해 주의집중을 가능하게 하고, 창의적이고 구체적인 계획을 세워 실행하게 하며, 인간의 종합적인 사고 기능과 인성, 도덕성, 종교성 등 최고의 기능과 2층에 있는 감정의 뇌, 본능의 뇌를 제어해서 원초적인 감정, 폭력성을 억제하는 기능을 담당한다. 따라서 이 시기에 예절 교육과 인성 교육, 감정과 폭력성을 억제하는 능력이 다양하게 이루어져야 예의 바르고 인성 좋으며 감정을 잘 조절하여 폭력을 억제할 줄 아는 아이가 될 수 있다.

이 시기에 인간성 · 도덕성 교육과 감정 조절 교육이 제대로 이루어지지 않고 대학 시기에 인성 교육이 시작되면 올바른 인간성과 도덕성이 행동으로 표현되지 않는다. 즉 인성 교육, 감정 조절 교육, 도덕 교육이 뇌가 세태에 물들지 않고 순수하게 유지되는 유아 시기에 반드시 시작되고 대학까지 지속해서 이루어져야 바람직한 인성이 나타난다. 이렇게 보면 '세 살 버릇 여든 간다'는 옛 속담은 세 살 때 버릇을 제대로 가르치지 않으면 죽어야 잘못된 버릇이 없어진다는 말로 상당히 과학적인 근거를 갖춘 말이다. 버릇이나 습관 등이 이때 집중적으로 발달하기 때문이다. 종합적인 사고 기능이란 한 가지 사물을 여러 각도에서 보고, 느끼고 생각하는 기능을 말한다. 그런 다양한 경험을 쌓아야 하는 아이는 여러 가지 생각을 스스로 해보면 창의성이 발달한다.

'바다'를 학습한다고 하자. 이 주제를 학습지나 학원식 교육과 종합적인 교육으로 나누어 예를 들겠다. '바다'가 주제인 경우 학습지나 학원식 교육은 이렇게 가르칠 것이다.

'바다는 무슨 색깔일까?' – '파란색!', '바다에서 사는 생물이 아닌 것은?' – '사자!' …… 이런 식으로 아이는 매우 일방적인 주입식 공부를 할 것이다. 답은 정해져 있고, 아이는 그것을 의심하지 않고 무조건 잘 외워야 '잘한다'는 칭찬을 받는다.

종합적인 교육은 방법이 많이 다르다. '바다가 뭘까?' – '수영하는 곳, 배가 다니는 곳, 물이 많은 곳, 파도가 이는 곳, 인어공주가 사는 곳 ……!' '바다에는 어떤 색깔들이 있을까?' – '푸른색, 초록색, 검은색, 흰색(물보라를 일으키는 파도), 회색……!' 등 다양하게 대답을 접할 수 있다. '바다를 생각하면 무엇이 궁금해지나?'와 같은 식으로 수업이 진행된다. 바다에도 사자(바다사자)가 산다는 것을 알게 되고, 육지의 사자와의 차이점을 생각하면서 두뇌가 한층 더 발전할 것이다. 아이들은 일방적인 지식을 외우는 것이 아니라, 많은 의문점을 품고 이를 해결하기 위해 많은 생각을 한다.

1848년 미국 버몬트에 있는 철도회사의 현장 감독으로 일하던 '게이지Gage'는 큰 바위를 폭약으로 제거하기 위해 바위에 구멍을 내고

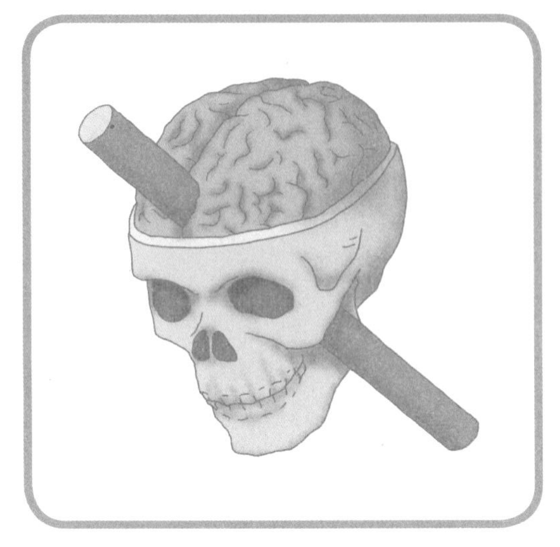

그림 17
게이지의 전두엽(이마엽)에 박힌 철봉의 가상 이미지

다이너마이트를 채운 후 그 구멍을 긴 쇠막대로 틀어막았다. 그런데 그가 구멍을 틀어막고 있을 때 실수로 다이너마이트가 폭발하여 틀어막고 있던 쇠막대가 하늘로 치솟은 뒤 게이지의 왼쪽 볼을 치고 그의 머리를 관통했다. 그의 머리뼈에 지름이 10cm나 되는 구멍을 내고 왼쪽 눈 뒤의 뇌[전두엽]를 뚫고 박혔다(그림 17). 긴 쇠막대를 제거한 후 신체적으로 일하는 데는 별문제가 없었지만, 침착하게 일하지는 못했다. 겉보기에는 큰 문제가 없었지만, 갑자기 화를 버럭 내고 이유도 없이 욕을 해댔다.

전두엽 부위가 제거된 동물은 감정적인 긴장과 감정 조절 능력이 부족하며, 이해관계가 있는 주위에 별 관심을 두지 않는다. 사람 역시 이 부위가 제거되면 주의집중 능력이 없어지고, 생각에 앞뒤가 없어지며, 도덕적으로 문제가 되는 행위를 쉽게 하게 된다. 또 감정적으로 실망하는 기색이 없어지며, 마치 세상만사를 초월한 듯한 행동을 하기도 한다. 그러나 기본 지능이나 생각하는 능력은 크게 손상 받지 않아서 짧은 물음에 답하거나 쉬운 셈은 잘할 수 있다.

미국 아이오와 대학교 의과대학의 스티븐 앤더슨Steven W. Anderson 박사는 생후 15개월째에 얻어맞고 쓰러져 전전두엽을 다친 20세 여자와 생후 3개월째에 뇌수술로 역시 전전두엽이 손상된 23세의 남자를 조사해서 전전두엽 피질이 외상이나 수술 등으로 손상되면 비도덕적 행동이 사회에 미치는 결과를 인식하는 윤리적인 판단 능력이 결핍된다는 연구 결과를 신경과학전문지 〈네이처 뉴로사이언스〉에 발표했다. 이들 남녀는 당시 뇌 손상에서 완전히 회복되어 교육수준이 높은 부모 밑에서 정상적인 교육을 받으며 정상적으로 성장했다. 그러나 두 사람은 사춘기가 되면서 행동이 갑작스럽게 달라져 습관적인 거짓말, 좀도둑질, 싸움질, 무책임한 성행위를 시작했고 자신의 행동에 대해 죄책감을 전혀 느끼지 않았다. 두 사람은 심리검사 결과, 상황에 대해 올바른 판단 능력이 없는 것으로 나타났다. 앤더슨 박사는 이렇듯 어렸을 때의 전전두엽 손상이 비정상적인 판단력과 폭력적인 성향의 원인이 되었고 정신병과 유사한 증세를 가져온 것으로 결론 지었다.

최근 연구에 따르면 일생 가운데 3세에서 6세 사이에 전두엽이 가장 빠르게 발달한다고 한다. 이 시기에는 단순반복적인 암기 위주의 지식교육보다 다양한 창의적 교육과 인간으로 살아가는 데 필수적인 도덕성 및 인성교육과 자신의 감정을 잘 조절해서 폭력성을 제어하고 통제하는 감정 · 폭력 조절교육이 무엇보다 중요하다. '세 살 버릇이 여든까지 간다'라는 옛말을 가슴 깊이 새겨 아이들에게 단순한 지적 교육보다 인성 교육을 하는 데 더 큰 노력을 기울여야 할 것이다.

그림 18 네안데르탈인의 전두엽

네안데르탈인은 전두엽이 현생 인류보다 발달하지 못해 이마가 움푹 들어가 있다. 가장 중요한 전두엽이 발달하지 못하고 창의성, 인간성, 도덕성, 협동성이 부족해서 인류와의 생존 경쟁에 밀려 멸종했다는 설이 유력하다.

(2) 전두엽 기능 장애는 주의력 결핍 과잉 행동 장애의 원인이다.

전두엽 부위의 장애는 동기 결여와 주의 집중력의 장애로 행동 조절에 문제가 생겨 최근 문제가 되고 있는 ADHD의 원인이 되는 것으로 알려졌다.

얼마 전까지만 해도 전두엽 절제술은 영화 「뻐꾸기 둥지 위로 날아간 새」의 주인공처럼 정신병의 치료 방법으로 사용되었다. 이

수술을 받은 환자는 지능 저하는 별로 없으나 근심, 걱정, 불안, 우울, 흥분 등의 감정적인 긴장 증세가 일부 호전된다고 한다. 반면에 의무를 잊어버리고 남의 처지를 이해하지 못하며 도덕적인 면에 무관심해지는가 하면, 경망하고 유치한 행동을 잘하게 된다. 중대한 일을 대수롭지 않게 처리하기도 하며, 주의가 산만해 어떤 확고한 계획에 맞춰 행동하지 않고 자극에 따라 충동적으로 행동한다고 한다. 현재는 정신병 환자의 치료를 위해서라도 전두엽 절제술을 시행하는 경우는 없다. 전두엽 부위는 주의를 집중해서 어떤 목적을 지향한 의지적 활동을 일관성 있게 수행하는 데 관련이 있으며, 정교한 사고나 예측을 하는 데도 없어서는 안 될 중요한 부위다.

(3) 다양한 경험으로 생각하는 힘을 키운다.

책을 읽을 때나 엄마로부터 재미있는 이야기를 들을 때 아이는 새롭고 많은 간접 경험을 할 수 있으며 무궁무진한 상상의 세계로 빠져들어 간다. 이야기를 들으면서 이렇게도 느껴보고, 저렇게도 느껴보는 체험 속에서 아이의 사고력은 쑥쑥 자란다. 이때 아이들의 상상력이나 생각이 이론에 맞지 않는다고 이러쿵저러쿵 비판해서는 안 된다. 간섭하게 되면 표현력과 창의력을 꺾을 수 있다. 종합적이고 창의적인 생각을 하려면 아이는 되도록 많은 정보가 필요하다. 아이가 가장 강하게 자극을 받는 방법은 직접 경험해 보는 것이다.

'바다'를 그림이나 책으로만 배우는 것이 아니라 직접 바다에 가서 보고 느끼고 생각해 보면 아이들은 정보를 잘 받아들여 저장하고 종합적인 사고력을 키울 수 있게 된다. 그림책을 보고 연상되는 이야기를 혼자 지어서 해보도록 한다. 글자가 없는 그림책을 이용하면 무한한 상상력을 키울 수 있다. 놀이할 때 일반적인 장난감 외에 종이, 가위, 빈 깡통, 병 등의 일반 생활용품을 주고 놀게 하는 것도 상상력과 창의력을 키우는 데 도움이 된다.

(4) 인성, 예절, 도덕 교육이 가장 필요한 유아기에 인성 교육을 하지 않고 후일에 시작하면 효과 없다.

전두엽의 또 다른 기능 중 하나는 인성과 도덕성을 담당하는 것이다. 조현병 등 정신질환이 있는 사람은 주로 전두엽 기능이 잘못되었기 때문이다. 아이는 이 시기부터는 사회성이 발달하기 때문에 남을 배려하고 양보하는 것, 자신의 의사만 주장하지 않고 남의 이야기도 귀 기울여야 한다는 것 등을 느끼고 배운다.

이 시기에 도덕 교육과 예절 교육이 집중적으로 잘 이루어지면 아이는 성장 과정 내내 착실한 아이로 자란다. 식당에서 마구 뛰어다니고, 친구를 괴롭히고, 자신 외에는 상대방을 배려할 줄 모르는 이기적인 모습 등은 이 시기에 인성 교육이 제대로 안 이루어졌기 때문이다. 유아기에 인성 교육을 하지 않고 후일 시키게 되면 올바르게 인성이 드러나지 못한다. 최근 우리 사회에 큰 슬픔과 아픔을 준 세월호 사건에서 세월호 선장과 상당수 선원이 보였던 비인간적이고 비인륜적 태도에서 이들이 유아기에 인성, 도덕 교육을 제대로 받았다면 이런 비참한 일이 일어나지 않았을 것으로 생각되니 아쉬움이 더 크다.

어른에게 바르게 인사하기, 식당에서 큰 소리 내지 않기, 교통질서 지키기, 어른에게 존댓말 사용하기 등 이 시기에 생활 속 예절 교육을 철저히 하는 것이 다른 시기에 시키는 것보다 훨씬 효과적이다. 이 시기에 이러한 교육을 잘 받은 아이는 '예의 바르고 착실한 아이'로 평가받을 것이고, 그렇지 못한 아이는 '버릇없고 무례한 아이'로 자라기 쉽다.

3단계: 6~12세

(1) 언어를 담당하는 측두엽(관자엽)이 발달할 때 영어 교육을 시작한다.

이 시기가 되면 뇌는 가운데 부위인 두정엽과 양옆의 측두엽이 발달한다. 측두엽은 언어 기능, 청각 기능을 담당하는 곳으로 측두엽이 발달할 때 외국어교육을 비롯해 말하기·듣기·읽기·쓰기 교육을 하는 것이 효과적이다. 공간 입체적인 사고 기능, 즉 수학·물리학적 사고를 담당하는 두정엽도 이때 발달한다. 이 시기의 아이는 자신의 의사표현을 제대로 할 수 있고, 논리적으로 따지기를 좋아하는 특성이 있는데 이런 측면도 뇌 발달과 관계가 있다.

요즘 아이들은 유치원에 들어가기 전부터 한글을 배우는데 빠르면 말하기 시작하는 2, 3세부터 시작하는 예도 많다. 한글 카드, 한글 학습지 등 한글 조기교육 교재는 수없이 많다. 그만큼 부모가 아이에게 되도록 빨리 한글을 가르치려는 욕구가 강하다는 증거다. 그러나 뇌 발달 이론에 맞춰 본다면 언어 기능을 담당하는 측두엽[관자엽]은 이 시기에 발달하므로 한글은 만 6세 이후에 가르치는 것이 가장 효과적이다. 더군다나 이 시기는 언어 기능의 뇌가 집중적으로 발달하기 때문에 조금만 자극을 주어도 쉽게 이해하고 재미있어한다. 반면 한글을 너무 빨리 가르치면, 초등학교에서는 이미 배운 내용을 학습하기 때문에 국어 교육에 재미를 느끼지 못하는 경우가 많다.

초등학교 시절에 한글 학습을 위한 다양한 책들을 재미있게 많이 읽고 요약하거나 느낀 바를 길지 않게 몇 줄 쓰고 조리 있게 말할 수 있도록 해주는 것이 중요하다. 예를 들면, 도스토옙스키의 『죄와 벌』을 읽히고 느낀 바를 A4 용지 10장으로 써보라고 하면 큰 부담을 주기 때문에 읽지도 않고 인터넷에서 찾아서 쓸 것이다. 그러나 독후감을 5줄 정도 써보라고 하면 비교적 즐겁게 쓸 것이다. 효과적인 학습에는 아이들의 동기부여가 중요하다. 우리말을 풍부한 어휘로 잘 표현하는 사람이 영어도 잘할 수 있다는 사실을 알고 국어 교육에 먼저 신경 쓰는 것이 필요하다. 이때의 경험과 실력이 평생의 국어 실력을 좌우한다는 것을 잊지 말자.

국제화 시대를 맞아 영어를 잘하는 것이 최고의 경쟁력으로 부상하면서 영어 조기 교육 붐이 일고 있다. 부지런한 엄마는 아이가 배 속에 있을 때부터 영어를 들으며 태아에게 자극을 준다. 또 유치원에 들어가기 전부터 영어 교육을 시작하는 경우도 많은데 뇌 발달 이론에 맞춰보면 교육적인 효과는 별로 없고 뇌 발달에 부담을 주어 역효과를 낼 수 있다.

2002년 영유아에 대한 조기 영어 교육의 적절성에 관한 교육부

정책연구에서 본 연구팀과 우남희 교수 등 연구팀에서 유아를 대상으로 선행교육의 성과를 확인하고자 영어 교육 실험 연구를 시행하였다. 영어교육 경험이 없는 만 4세 아동 10명과 만 7세 초등 2학년 아동 13명을 대상으로 한 달간 주 2회 총 8회 30~40분 수업을 진행하였다. 미국에서 초등교사 경력 11년 차의 영어 교육 전문가가 직접 노래, 율동, 게임 등을 가르친 뒤 단어, 문장기억력, 문장 활용 능력 등을 확인하는 46개 문항으로 영어 검사를 하였다. 시험은 강사가 직접 문제를 녹음한 음성을 들으며, 제시된 그림자료를 참고하여 대답하였다. 총점은 92점으로 질문에 맞게 완전 문장을 구사할 경우 2점, 질문에 맞으나 불완전 문장을 구사할 경우 1점, 질문에 맞지 않거나 전혀 답변이 없을 경우 0점으로 처리하였다.

연구 결과, 만 4세 아동들은 29.9점, 만 7세 아동들은 60.0점 오차범위 0.001 을 얻었다. 이 실험 연구 결과를 통해 만 4세와 만 7세 두 연령 집단 중 만 7세 집단에서 월등히 우수한 결과를 확인했으며, 어릴수록 영어 교육 효과가 작다는 결론을 내릴 수 있다. 인지 발달이 제대로 진행된 후 언어를 배우는 것이 더욱 효과적이다. 한국어 발음도 잘하지 못하는 유아가 영어 발음이 더 좋지 않으며, 동기부여는 물론 학습 내용을 다른 상황에 적용하거나 게임의 규칙을 이해하는 능력 등이 만 7세가 훨씬 더 우수했다.

이중 언어 환경, 즉 집에서는 한국어를 쓰고 밖에서는 영어를 쓰는 외국에 사는 아이라면 두 가지 언어를 동시에 쉽게 습득할 수 있다. 측두엽의 언어 담당 신경세포는 한국어나 영어나 같아서 두 개의 언어를 동시에 받아들일 수 있다. 즉 외국어를 말하거나 이해할 때

한국어로 다시 바꾸지 않고 외국어를 한국어처럼 말하거나 이해할 수 있다. 그러나 한국에 사는 아이는 학원이나 비디오 등으로 잠깐 영어를 배운 뒤에 대부분 생활 속에서는 한국어를 사용하기 때문에 교육 효과가 기대만큼 크지 않다. 한국어와 영어를 사용하는 신경세포가 다르므로 영어를 이해하고 말할 때는 한국어로 번역하여 이해하기 때문에 그만큼 비효율적이다.

설사 아이가 어느 정도 따라 한다고 해도 뇌에서 동기 유발을 해주지 않기 때문에 별 재미가 없고 아이는 영어에 대한 스트레스가 쌓여 평생 영어를 싫어하게 된다. 따라서 어릴 때부터 효율적으로 영어를 잘하기를 원한다면 한국어와 영어를 동시에 사용하는 이중 언어 환경을 만들어야 한다. 밖에서는 친구들과 한국어를 사용하므로 집에서 모든 식구가 정해진 시간을 두고 영어를 사용해 자연스럽게 말할 수 있는 환경을 만들어 주는 것이다.

뇌 학자들은 너무 일찍 마구잡이로 교육하는 것보다는 자기 감정이나 생각을 잘 표현할 수 있는 인지 기능이 빠르게 발달하는 초등학교 시기부터 본격적으로 영어 교육을 하는 것이 더욱 효과적이라고 조언한다. 언어중추가 아직 완전히 성숙하지 않은 상태로 외국어를 지나치게 강제로 학습시키면 외국어는 물론 모국어까지도 발달이 지연될 수 있다. 또 언어교육을 할 때는 다양한 내용을 제시하면서 재미있게 학습하는 것이 좋다. 똑같은 내용을 강제로 단순 반복, 암기 교육을 하면 뇌에 있는 일부 회로만 자극을 받아 발달한다. 따라서 특정 내용을 암기하면 당장 효과는 있을지 몰라도, 편협한 지식의 소유자로 성장할 수 있다. 예를 들어 테이프로

계속 같은 글을 읽어주면 그 아이는 말을 할 때 글을 읽는 것처럼만 말하게 되며, 같은 내용의 카드를 계속 보여 주면 다양한 자극이 없어서 스트레스를 받아 정서 불안을 초래할 수도 있다.

(2) 수학을 담당하는 두정엽(마루엽)이 발달하는 때, 관찰 실험 위주의 수학 교육이 필요하다.

이 시기에는 또 다른 뇌 부위인 수학·물리학적 기능을 담당하는 두정엽이 집중적으로 발달한다. 입체 공간적 인식 기능이 발달하는 이때에 수학과 물리학 등을 학습시키면 아이들은 매우 흥미로워한다. 단순 계산에 의해 즉각적인 답이 나오는 문제는 뇌의 일부만이 동원되어 활동하지만, 여러 원리를 이용하는 문제를 실험이나 관찰을 통해 시간을 두고 해결하게 되면 뇌의 많은 부분이 활동을 해 두뇌 발달에 그만큼 효과가 있다. 그러나 수학 정석에 나오는 어려운 내용을 초등 시기에 하게 되면 상당한 스트레스를 받게 되어 귀중한 아이의 뇌가 망가질 수 있음을 명심해야 한다.

(3) 과도한 선행 수학 교육이나 영어 교육은 아이의 뇌를 손상시킨다.

필자의 연구실에서는 좀 더 복잡하고 다양하게 환경을 만들고 임신한 생쥐를 실험하였다. 첫 번째 집단은 어미 쥐를 풍족한 환경 즉, 넓은 공간에서 장난감을 가지고 놀게 하고, 두 번째 집단은 좁은 방에서 놀게 하고 다양한 스트레스 부동 스트레스, 강제 수영 등 환경에 노출했다. 세 번째 집단은 어미 쥐를 풍족한 환경에서 지내게 하고 출산 후 새끼 쥐에게 스트레스를 가한 다음 기억력 검사를 하였다. 네 번째 집단은 어미 쥐를 스트레스 환경에 지내도록 하고 출산 후 새끼 쥐를 좋은 환경에 지내게 하였다. 이 네 집단의 어미 쥐가 새끼를 출산한 후 1달 후에 기억력 검사와 신경줄기세포 수와 뇌유래신경성장인자량을 측정하였다.

첫 번째 집단, 풍족한 환경에서 지낸 어미 쥐에서 태어난 새끼 쥐들은 좋은 기억력과 뇌유래신경성장인자[BDNF]와 신경줄기세포 수가 증가하였다.

두 번째 집단, 스트레스 환경에서 지낸 어미 쥐에서 태어난 새끼 쥐들은 기억력과 뇌유래신경성장인자와 신경줄기세포 수의 저하가 나타났다.

세 번째 집단, 풍족한 환경에서 지낸 어미 쥐에서 태어난 새끼 쥐들을 스트레스 환경에서 노출하였을 때는 기억력과 뇌유래신경성장인자와 신경줄기세포 수의 저하가 나타났다.

네 번째 집단, 스트레스 환경에서 지낸 어미 쥐에서 태어난 새끼 쥐들을 풍족한 환경에 노출하였을 때는 기억력과 뇌유래신경성장인자와 신경줄기세포 수가 다시 좋아졌다(표 2).

필자의 연구에서 얻은 결론은 임신 중 환경이 태어난 새끼 쥐들의 기억력 형성에 중요하나 임신 중 환경보다 출생 후 환경이 새끼 쥐들의 기억력 형성에 더 중요했다는 점이다. 아이들에게 과도한 학습 스트레스를 주지 말고 아이들을 풍족하고 좋은 환경에서 자라게 해야 한다.

구 분	공간기억력	기억중추 (해마의 줄기세포 수, 뇌유래신경성장인자(BDNF)의 발현)
스트레스 환경	⇩	⇩
풍족한 환경	⇧	⇧

표 2 지나친 선행 교육에 의한 스트레스는 기억력, 뇌유래신경성장인자와 줄기세포 수를 감소시키지만, 선행 교육 없는 풍족한 환경은 기억력, 뇌유래신경성장인자와 줄기세포 수를 증가시킨다. 영유아기에 선행 영어 교육은 유아 뇌 발달에 부작용을 일으키고, 학습 효과가 많이 줄어들 것으로 생각한다.

인간의 영유아기에 해당하는 쥐 실험결과 스트레스 환경에서는 공간 기억력, 기억중추인 해마에서 줄기세포 수와 뇌유래신경성장인자[BDNF]의 발현이 현저하게 떨어지나 풍족한 환경에서는 기억력, 줄기세포 수, 신경성장인자 발현이 크게 상승하였다. 따라서 현재 영유아기나 초등학교 때 많이 하는 선행 영어 교육, 수학 교육 등은 아이의 뇌 발달에 부작용을 일으키고 학습효과가 많이 줄어들 것으로 생각한다(표 2).

(4) 수학·물리학 천재 아인슈타인은 두정엽(마루엽) 천재! 나도 아인슈타인이 될 수 있다.

인류 역사상 가장 우수한 천재를 뽑는다면 사람들은 주저 없이 아인슈타인을 뽑을 것이다. 천재 중의 천재인 아인슈타인의 천재성은 뇌의 어느 부위에서 나오는 것일까? 불행히도 그가 죽은 1950년대는 뇌 과학이 별로 발달하지 않았기 때문에 그의 뇌를 단지 눈에 보이는 해부학 측면에서만 연구했고, 분자 차원에서 뇌의 구조와 기능을 정확히 연구할 수 없었다. 흔히 천재라고 불리는 사람은 다른 사람들이 생각하지 못하는 창조적인 사고 기능과 어떤 대상을 추론하는 연상 및 추론 기능, 그리고 끊임없는 근면성과 집중력이 누구보다 뛰어나다. 창조적 사고 기능, 연상 및 추론 기능 등은 주로 전두엽과 두정엽의 연상피질에서 나오는 것으로 생각하고 있다.

과연 아인슈타인의 뇌는 전두엽과 두정엽 부위가 다른 사람보다 더 발달해 있을까? 거시적 차원에서 뇌의 해부학적 구조를 볼 때, 뇌의 앞, 뒤, 좌, 우, 위, 아래 등은 차이가 없다. 최근에 다시 정밀하게 연구한 결과, 두정엽의 하단 부위가 보통 사람보다 약 15% 정도 더 크며 두정엽과 측두엽 사이의 고랑인 실비안고랑이 더 많은 세포들로 채워져 보통 사람보다 얕은 것으로 조사되었다(그림 19). 이 부위가 아인슈타인의 천재성과 관련되어 있을 가능성이 높다. 이런 이유로 아인슈타인을 '두정엽[마루엽] 천재'라 부르고 있다. 그러나 언어중추가 있는 측두엽은 보통 사람보다 조금 작은 것으로 보고되었는데, 아인슈타인이 어릴 때부터 언어능력이 보통 사람보다 조금 뒤떨어져서 3살 때 처음 말을 한 이유가 여기에 있지 않나 생각한다.

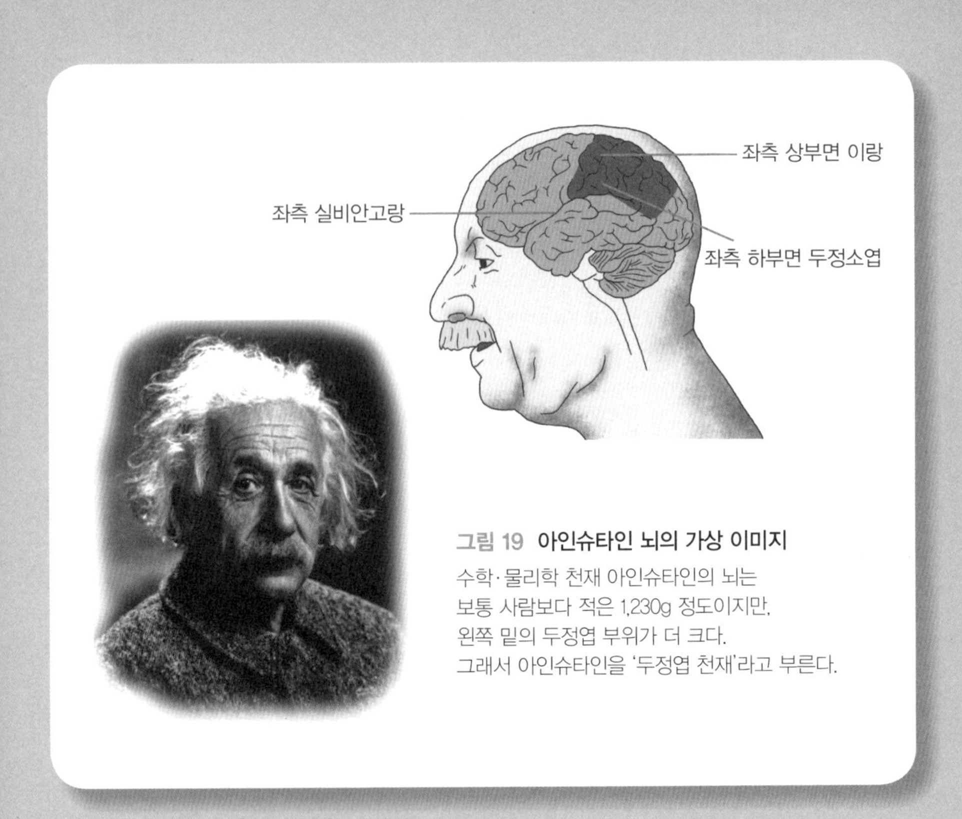

그림 19 아인슈타인 뇌의 가상 이미지

수학·물리학 천재 아인슈타인의 뇌는
보통 사람보다 적은 1,230g 정도이지만,
왼쪽 밑의 두정엽 부위가 더 크다.
그래서 아인슈타인을 '두정엽 천재'라고 부른다.

즉, 천재는 뇌의 모든 기능이 우수한 것이 아니라 어떤 특정 뇌 부위가 잘 발달해 있는 것이다.

두정엽은 사고 및 인식 기능 중에서도 수학이나 물리학에서 필요한 입체·공간적 사고 및 인식 기능, 계산 및 연상 기능 등을 수행하는 것으로 알려졌다. 뇌 손상이나 혈관질환, 종양 등으로 이 부위가 손상되면 입체 공간적 사고 및 인식 기능에 장애가 오는 무인식증이 나타난다. 이 부위를 발달시키려면 어릴 때부터 퍼즐게임, 도형 맞추기, 숫자 및 언어 맞추기 등과 같은 입체 공간적 사고를 발달시키는 교육이 필요하다. 단순 계산이나 판에 박힌 산수 공부보다 두정엽을 포함한 광범위한 대뇌피질을 동원하는 연상과 추론을 요구하는 수학 교육이 필요하다. 단순 계산으로 즉각적인 답이 나오는 문제는 뇌 일부만 동원되지만 여러 가지 원리를 이용하는 문제를 실험이나 관찰을 통해 시간을 두고 해결하게 하면 뇌의 많은 부분이 동원되어 더 다양한 부위를 발달시킬 수 있다.

(5) 다양한 놀이 교육으로 입체 공간적 사고를 발달시킨다.

두정엽을 발달시키려면 어릴 때부터 퍼즐 게임, 도형 맞추기, 숫자 및 언어 맞추기 등과 같은 입체 공간적 사고의 발달을 돕는 교육이 필요하다. 이러한 교육은 두정엽을 포함한 광범위한 대뇌피질을 동원하는 연상과 추론을 해야 하기 때문에 수학적 두뇌 발달에 좋다.

4단계: 12~15세

(1) 시각적인 기능을 담당하는 후두엽(뒷통수엽)이 발달한다.

12세 이후부터 뇌는 시각 기능을 담당하는 후두엽 발달 단계로 넘어간다. 또 자신의 주위를 훑어보고, 자신을 다른 사람과 비교하여 자신과 타인의 차이를 통해 세상을 바라보는 시각이 급속하게 바뀌며 자신의 외모를 꾸미려고 노력하는 자아 성립의 시기이기도 하다. 보기에 화려하고 멋진 연예계 스타나 스포츠맨들에 빠져서 열광하는 것도 뇌의 시각적인 기능이 유난히 발달한 것과 관련이 있다. 따라서 이 시기에 나타나는 이런 행동 특징들을 무조건 나무라는 것보다 자연스럽게 느끼고 행동하도록 인정하고, 자기 발전을 위한 성찰의 계기가 되도록 격려와 함께 많은 대화를 통해 이끌어 줄 필요가 있다.

(2) 오감을 통한 자극이 두뇌 발달에 중요하다.

우리의 신체기관 가운데 뇌처럼 다양한 자극을 해야 하는 기관은 없다. 다른 신체기관들은 태어날 때 가지고 나온 유전자의 명령대로 성장하지만, 뇌는 유전자의 명령 이외에 생후 받게 되는 환경적 자극과 정보에 따라 아주 다양하게 성장하고 발전한다. 많은 사람이 모여 역동적인 삶을 사는 곳에서는 길이 넓어지고 새로운 길과 역이 생기지만 영화 「철도원」에서 볼 수 있는 것처럼 광산이 폐쇄되어 철도를 이용하는 사람이 없는 곳에는 철로와 역이 없어진다. 정보와 자극이 없으면 뇌 회로는 막히고 결국 사라지게 된다. 따라서 뇌 회로가 발달하는 성장기의 아이들에게는 무엇보다 적절한 자극과 정보가 필요하다.

눈을 통한 시각 자극, 귀를 통한 청각 자극, 혀를 통한 미각 자극, 코를 통한 후각자극, 피부를 통한 촉각 자극, 즉 오감을 통한 적절한 자극이 뇌 발달에 중요하다. 단순한 자극보다 다양한 자극을 줄 수 있는 내용의 책을 읽게 하거나 들려주고, 이를 글로 간단히 써보거나 이야기해 보게 하는 교육이 필요하다. 단순히 공복을 해소하기 위해 빨리 먹는 음식보다 맛을 통해 식욕 본능을 만족하게 해주는 충실한 식사 훈련이 어릴 때부터 필요하다. 가족들과 함께하는 식사는 후각,

시각은 물론 대화를 통해 청각 자극과 정서적 안정이 동시에 달성될 수 있다. 따라서 아주 어린 시기에 발달하는 미각 능력을 계속해서 꾸준히 발달시켜 주는 것이 뇌 발달에 좋다.

(3) 뇌 발달과 정서적 안정에는 스킨십이 효과적이다.

오감 중에서 피부를 통한 촉각이 뇌의 발달 특히 감정, 정서의 뇌 발달에 중요하다는 사실을 알지 못하는 사람들이 많이 있다. 피부는 뇌와 풍부한 신경회로로 연결되어 서로 정보를 주고받기 때문에 아주 약한 자극도 뇌에 잘 전달되어 제2의 성감대이다. 가벼운 공기의 흐름에도 쉽게 반응하는 피부는 혈액순환도 풍부하므로 감정에 따라서 금방 상기되기도 하고 창백해지기도 하며 온도도 쉽게 변하는 '감정의 얼굴'이 되고 있다. 사랑이 없는 메마르고 서먹서먹한 관계에서 피부는 차갑고 거칠며 긴장이 되어 굳어 있으나 사랑이 충만할 때는 따뜻하고 매끄러우며 근육도 이완되어 있어 감촉이 부드럽다. 정신적 스트레스가 심할 때는 멜라닌 호르몬이 많이 나와 피부가 검어지고 거칠어지며 두드러기나 반점이 생기기도 하고 피부병이 쉽게 악화하기도 한다. 이렇게 뇌와 피부는 중요하고도 예민한 관계에 있기 때문에 좋은 피부를 유지하기 위해서는 스트레스를 적극적으로 해결해 즐거운 마음을 갖고 동시에 피부감각을 발전시키는 것이 뇌 발달에 중요하다.

피부에서 촉각을 감지하는 수용체는 나이가 들어들면서 둔해지고 적어진다. 이러한 피부감각 수용체를 건강하게 잘 유지하는 것은 뇌에 신선한 자극을 주어 건강을 유지하는 데 도움을 줄 뿐만 아니라 정서적인 안정도 준다. 매일 목욕을 통해 피부를 깨끗하게 유지하고, 목욕할 때는 피부를 적절하게 문지르거나 더운물, 찬물로 감각수용체를 적당히 자극해 주는 것이 좋다. 특히 부모가 아이와 같이 목욕하면서 아이의 피부를 씻겨 주며 사랑과 격려의 대화를 나눈다면 아이의 정서발달에 아주 좋다. 아이의 머리나 등을 쓰다듬어 주거나 가슴으로 포옹해 주는 것도 사랑의 감정을 전해주는 최상의 방법이다. 어릴 때부터 손으로 만져 물체를 구별하는 훈련도 촉감을 발달시키는 데 도움이 된다. 손을 잡아 보고 상대방의 감정 상태를 추정해 보는 훈련은 피부감각 수용체의 발달은 물론 우뇌 발달에도 도움을 준다. 이와 같은 스킨십 훈련은 뇌 발달은 물론 정서적 안정도 얻을 수 있는 좋은 훈련이다.

(4) 30번 이상 잘 씹어 먹으면 기억력 향상에도 좋다.

공부에 바쁜 학생들이나 일에 쫓기는 직장인들은 잘 씹지 않고 음식을 빨리 먹는 '5분 식사'에 익숙해져 있을 뿐만 아니라 이를 미덕으로 여기는 경향까지 사회에 널리 퍼져 있다. 더군다나 우리 사회에 범람하는 간편식은 대부분 오래 씹기보다는 빨리 먹을 수 있게 만들어져 있다. 이런 사회적인 풍조가 과연 우리 건강에 좋은 것인가?

최근 음식물을 30번 이상 잘 씹어 먹는 것이 소화에 좋을 뿐만 아니라 기억 향상에도 좋다는 연구 결과가 여러 편 보고되었다. 일본의 미노루 박사팀은 핵자기 자기공명영상MRI으로 어금니 없는 늙은 쥐의 뇌를 촬영해서 기억중추인 해마 부위가 위축되어 있었으며 물속에서 미로를 찾는 기억력 검사에서도 엉뚱한 곳을 찾는 등 기억력이 상당히 떨어져 있음을 발견했다. 반면 젊은 쥐나 어금니가 있는 늙은 쥐는 미로를 찾는 데 큰 어려움이 없었다. 저작운동이 해마로 가는 혈류를 증가시켜 해마가 무거워지는 것으로 생각한다. 이런 사실로 미루어 볼 때 잘 씹지 않고 빨리 먹는 것보다 천천히 오래 씹는 저작운동이 건강에도 좋을 뿐만 아니라 좋은 기억을 유지하는 데도 아주 중요하다.

이제부터는 아무리 바쁘더라도 마음의 여유를 가지고 음식의 맛과 향기를 잘 음미하면서 주위 사람들과 정겨운 대화를 나누면서 식사를 천천히 하는 것이 건강과 기억에 좋다는 사실을 명심하자.

(5) 미각보다 2만 5,000배 예민한 후각을 발달시킨다.

냄새를 맡는 후각 기능은 맛을 보는 미각 기능보다 2만 5,000배나 예민해 10억 분의 1 농도의 미량도 감지할 수 있다. 아프리카의 어떤 종족은 수십 킬로미터나 떨어져 있는 먼 곳으로부터 오는 냄새를 알아낼 수 있다고 한다. 오감 중에서 뇌와 직접 연결된 유일한 감각이 후각이다. 이런 후각 기능도 어릴 때부터 적절한 자극을 주면 잘 발달하지만, 자극이 없으면 빨리 퇴화한다. 최근 콧속 점막에도 새로운 후각신경세포를 만들 수 있는 후각줄기세포가 있다는 사실이 밝혀졌다. 후각을 예민하게 유지할 수 있는 새로운 후각신경세포가 후각줄기세포에서 계속 나올 수 있게 적절하게 자극하는 훈련을 어릴 때부터 하는 것이 좋다.

후각 기능은 어릴 때부터 훈련하면 늙어서도 후각 기능을 잘 유지할 수 있으며 후각 자극을 통해 뇌를 일부 자극해 어느 정도 뇌 발달에 긍정적인 영향을 끼칠 수 있다. 예를 들어 집에서 식사할 때나 아이들과 함께 식사 초대를 받았을 때 그 집의 음식을 맛보고, 냄새를 맡아 보고 음식에 대해 서로 이야기해 보는 습관을 갖게 되면 뇌 발달에 도움이 된다.

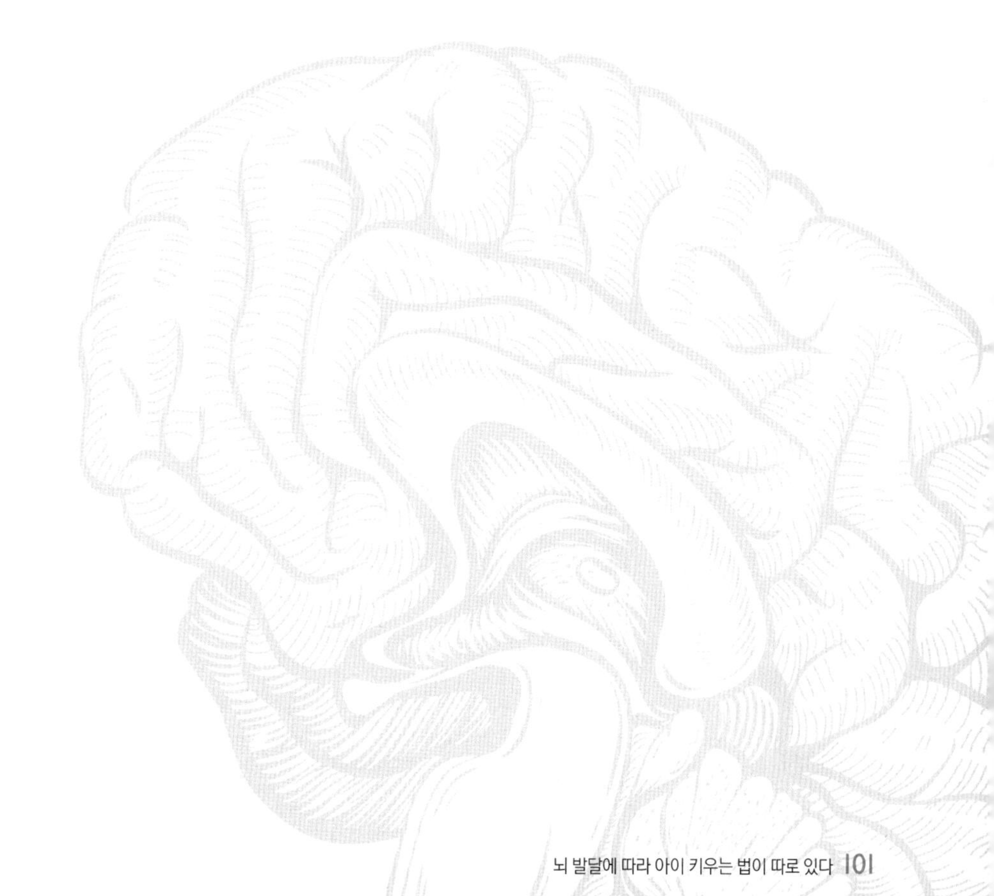

Part 2

잠자는 아이의 뇌를 깨우는 특별한 방법이 있다

01 성적을 올려주는 수면의 힘

공부에 좋은 뇌파
: 베타파와 알파파의 조화로운 조절

특정 뇌 부위에 있는 수많은 뇌 신경세포 사이에 신호가 전달될 때 생기는 전기의 흐름은 뇌파로 측정된다. 뇌파에는 느린 뇌파와 빠른 뇌파가 있는데 잠잘 때는 아주 느린 델타파가 나타나고 활동할 때는 빠른 베타파가 나타난다. 명상할 때는 비교적 느린 중간 정도의 알파파가 주로 나타나기 때문에 델타파는 수면 뇌파, 베타파는 활동 뇌파, 알파파는 명상 뇌파라고도 한다(그림 20).

보통 사람에게는 눈을 감아 외부로부터의 시각 자극을 차단해 주면 시각중추가 있는 후두부에 자극이 전달하지 않아 활동할 때보다 느린 알파파가 나타나며, 깊은 명상 상태에 있을 때도 알파파가 나타난다. 입시라는 과중한 스트레스에 눌려 있는 청소년들이나 직장인들은 신경세포가 알파파를 낼 수 있도록 긴장 상태에서 벗어나 평온한 마음을 중간에 유지하는 것이 중요하다.

알파파가 지나치게 많이 나오면 뇌세포가 수면 상태로 잘 빠지게 되어 능률이 떨어질 수 있기 때문에 알파파가 일이나 공부하는 데 꼭 좋은 것은 아니다. 다만 일이나 공부하는 중간중간에 알파파가 나와 지친 뇌세포를 쉬게 하면 일이나 공부를 할 때 좀 더 능률적일 것이다. 요즘 유행하는 것처럼 인위적으로 뇌에 자극을 가해서 알파파를 나오게 하는 것보다 자연적으로 나오게 하는 것이 더 좋다. 가장 많이 사용하는 방법은 명상하면서 마음속에 있는 여러 가지 잡념을 없애고 정신을 하나로 통일하여 무념무상의 경지에 몰입하도록 노력하는 것이다.

또한, 사람이 어떤 음악을 들을 때 우리의 잠재의식에 작용하는 것은 음의 흔들림이다. 솔바람 소리, 시냇물 흐르는 소리, 파도 소리,

그림 20 4가지 형태의 뇌파

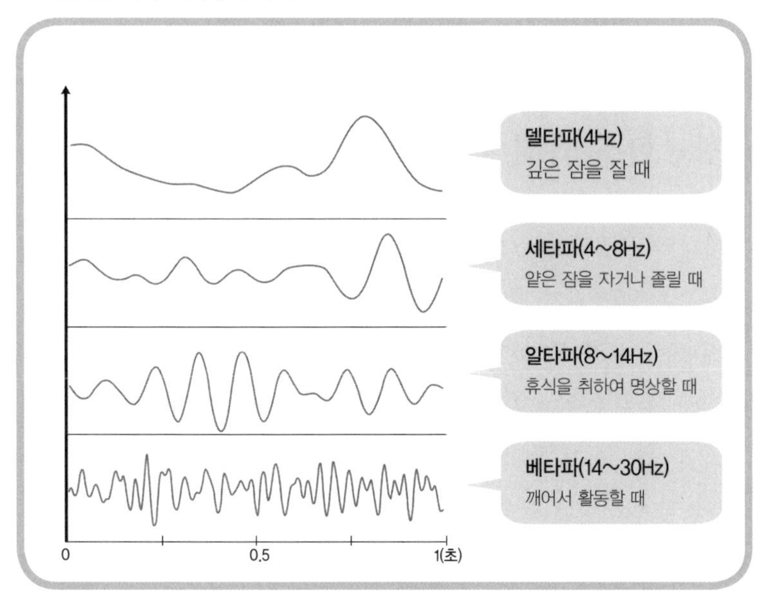

눈 밟는 소리, 새소리와 같은 자연의 소리는 우리의 마음과 정신을 맑고 쾌적하게 만들어 주는 소리이기 때문에 알파파가 잘 나오나, 시끄러운 소리, 경적 소리, 고함, 요란한 음악 소리 등은 우리의 마음을 불안하게 하고 들뜨게 하므로 알파파가 잘 나오지 않는다. 그러나 요란하고 시끄러운 음악이라 할지라도 좋아하는 음악이라면 알파파가 나올 수 있다. 따라서 자연의 소리와 닮은 물리적 파동을 지닌 음악이나 좋아하는 음악을 듣는다면 알파파가 많이 나와 우리의 마음을 자연히 평온하게 만들어 줄 것이다. 그러나 적당한 긴장은 우리 뇌세포의 기능을 자극해 주기 때문에 건강과 공부에 필수적이다. 따라서 베타파와 알파파의 조화로운 조절이 뇌 기능을 극대화하고 건강을 유지하는 데 필수 요인이다.

충분한 수면은 공부의 알파와 오메가 : 성공하기 위해서는 4락 8당을 해야

대뇌의 신경세포는 일정 시간 이상 계속 자극을 받으면 반응을 하지 않는 불응기가 된다. 이 불응기는 우리의 지친 대뇌 신경세포를 쉬게 해주는 자기방어 반응일 뿐만 아니라 신경전달물질을 만들어 저장해 두는 유용한 시간이다. 오랜 시간 자지 않고 공부하는 것은 우리의 대뇌 신경세포를 지치게 만들고 신경전달물질들을 고갈시켜 집중력도 떨어뜨린다. 수면은 정신이 계속 자극을 받아서 피로해지는 것을 막아 주는 역할을 하므로 충분한 수면을 취하는 것이 뇌 건강에 좋다.

최근의 연구 결과들은 수면은 휴식을 줄 뿐만 아니라 기억을 재정비하는 유용한 시간이라는 사실을 알려준다. 매번 공부하고 자는 것이 기억에는 가장 좋으나 이것은 현실적으로 불가능하므로 하루 한 번 푹 자는 것이 학습 효과를 극대화하는 데 좋다. 머릿속에 너무 많은 것을 한꺼번에 입력하면 기억으로 저장되기는 하지만, 뇌에 정보가 입력될 때 상호경쟁하기 때문에 입력이 안 되고 저장도 견고하게 잘 안 된다. 따라서 강한 자극이 들어오면 견고하게 저장되지 못한 정보는 조그마한 충격이나 다른 강하고 재미있는 정보에 밀려 쉽게 빠져나가 곧 잊어버리고 만다.

우리의 뇌에 입력된 정보는 잠잘 때 꿈으로 나타나기도 하면서 재음미의 과정을 거치게 되고 단백질 속에서 견고하게 단기기억이 장기기억으로 저장된다.

잠을 자는 동안 우리의 인생과 역사를 바꾼 혁신적인 아이디어를 생각해 낸 경우가 아주 많다. 뇌 정보전달의 원천인 신경전달물질을 처음으로 증명함으로써 뇌 연구에 신기원을 열어 노벨의학상을 받은 오토뢰비 박사는 실험의 핵심 과정이 잠자는 사이 떠올라 깨자마자 이른 새벽에 실험실로 뛰어가 실험에 성공했다. 로버트 루이스 스티븐슨은 『지킬박사와 하이드』의 아이디어를, 모차르트, 베토벤은 잠자는 사이에 악상들이 떠올라 인류에 큰 축복을 남겼으며 폴 매카트니는 꿈속에서 떠오른 '예스터데이'의 선율을 우리의 마음에 영원히 남겼다.

뇌는 활동하는 동안에는 깊은 생각에 집중하지 못하고, 수면 시간이 되어야 하루 동안의 생각들을 정리한다. 잠자는 사이 새로운 아이디어와 창의적인 착상이 많이 떠오른다. 잠자는 동안 특별히 관련이 없는 정보들이 연결되어 새로운 연관을 만들어내며 창의성을 낳게 한다. 서로 잘 맞지 않는 생각들과 기억들을 연결하는 것이 바로 창의성의 기본이다. 옥스퍼드 대학교의 포스터 교수는 수면 부족은 창의성을 죽이지만, 숙면은 새로운 해결책을 낳을 수 있다고 말했다. 풀리지 않는 문제가 있다면 일단 생각한 다음에 잠을 자는 것이 좋다.

그동안 사람과 쥐를 대상으로 한 실험에서 잠을 충분히 자는 것이 기억력을 강화한다는 사실이 입증됐다. 최근 미국의 고울드 박사팀이 두 그룹의 쥐를 대상으로 실험했다. 한 그룹은 정상수면을 취하게 하고, 다른 그룹은 3일 동안 잠을 못 자도록 한 결과 잠을 못 잔 쥐들의 기억중추인 해마에서 줄기세포로부터의 신경세포 생성이 현저히 떨어진다는 사실을 알아냈다. 수면은 우리 뇌의 해마에 존재하는 줄기세포를 활성화해 새로운 신경세포를 많이 만들 수 있게 하는 것이다.

또 다른 실험에서 쥐가 낯선 환경에 있을 때 뇌의 기억중추인 해마가 활성화되며 그 직후 잠을 잘 때도 이 해마의 활동이 증가하지만, 잠을 못 자게 하면 반대로 활동성이 현저히 줄어든다는 사실을 관찰했다. 잘 때도 해마의 활동성이 증가하는 것은 눈뜨고 있을 때 들어온 정보가 해마에 일단 저장되고 잠잘 때도 해마가 다시 기억을 재음미하면서 강화한다는 사실을 의미한다. 전날 밤 8시간 이상 잠을 충분히 자고 기억력 테스트를 받은 학생과 잠을 자지 않고 테스트를 받은 학생들의 성적을 비교한 결과 잠을 충분히 잔

학생들의 성적이 평균 30% 이상 좋았다는 실험결과도 있다.

최근 단어를 외우고 잠을 잔 그룹이 잠을 자고 나서 단어를 외운 그룹에 비해 더 많은 단어를 기억해 냈음이 밝혀졌다. 즉 수면이 특정 사실, 경험적 사건 등을 기억해 내는 서술적[선언적] 기억을 증가시키는 것이다. 뇌는 잠을 자는 동안 전날의 경험들에 의미를 부여하고 단기기억을 단백질 구조 속에 견고하게 저장해서 장기기억으로 전환한다. 시험 전날 밤새워 당일치기로 공부했던 것들은 오래가지 않아 잊어버리게 된다.

우리나라에 만연하는 남보다 더 일찍[선행 교육], 더 많이[양적 교육] 공부하기 위해 수면 시간을 줄여서 공부해야 합격하고 1시간 더 자면 대학 시험에 떨어진다는 4당 5락은 결코 인생의 성공을 보장하지 못한다는 사실을 알아야 한다. 잠을 통해 감정의 회로가 새롭게 재부팅되기 때문에 아픈 기억도 자고 나면 말끔히 없어져 새로운 도전에 맞설 힘이 생겨나지만, 수면 부족은 정서적 불안을 유발할 수 있다. 뇌는 잠든 사이에 창의성을 분출할 뿐만 아니라 우리의 기억과 감정을 보호하는 든든한 방어벽을 만들어내는 공장이라는 사실을 명심해야 한다.

02 성적을 올려주는 또 다른 힘

감정의 뇌를 잘 다스리면 공부를 잘한다

인간의 감정, 욕구[본능]를 조절하는 변연계[감정과 본능 뇌]를 잘 훈련하면 공부를 잘한다. 2층 변연계는 3층 '이성의 뇌'를 도와 생각과 감정의 조화를 담당한다. 즉, 띠이랑은 '이성의 뇌'를 도와 사고와 감정의 조현 기능을 하고 해마는 기억을 조절하며, 편도핵은 공포나 두려움 같은 감정적 기억을 조절하고, 시상하부와 뇌하수체는 우리 몸의 환경을 호르몬을 통해 일정하게 유지하는 기능을 한다. 다시 말해 '이성의 뇌'를 도와 생각과 감정의 조화를 이루고 충동 조절을 한다.

변연계의 활동이 과잉이거나 흥분할 때는 부정적 마음 상태가 되나 적절하거나 적을 때는 마음이 긍정적이고 낙관적 상태가 된다. 감미로운 음악 소리, 낙엽이나 눈 밟는 소리, 가랑비 내리는 소리, 바람 소리, 시냇물 소리 같은 자연의 소리는 변연계를 조용히 자극해서 긍정적이고 낙관적인 마음을 만드나 자극적이고 시끄러운 소리, 감정적, 폭력적, 성적 언행은 변연계를 흥분시켜 반사적으로 우리의 마음을 부정적, 감정적, 폭력적으로 만들어 '자동적인 부정적 사고'가 잘 나타난다.

저절로 나타나는 부정적 사고를 긍정적 사고로 바꾸기 위해서는 다음과 같이 해본다.

첫째, 부정적 사고를 하면 근육이 굳어지고 심박 수는 올라가고 불행한 느낌을 받게 되지만 긍정적 사고를 하면 근육이 이완되고, 심박과 호흡이 느리게 된다는 점을 아이들이 느낄 수 있게 한다.

둘째, '항상', '결코', '절대로', '아무도'라는 말을 사용하지 않도록 교육하고 다른 아이들의 단점만을 보지 말고 장점을 보도록 교육한다.

셋째, 낙관적이고 긍정적인 유대감을 주는 아이들과 어울려 긍정적, 낙관적 영향을 받고 다른 아이의 감정을 자극하는 감정적, 폭력적 언행을 삼가도록 가르친다.

넷째, 자연 항우울제인 신체 운동을 하면 '감정의 뇌'인 변연계로 가는 혈류와 영양분이 증가하여 긍정적이 될 수 있다.

자신감은 뇌의 흐름을 원활하게 한다

아이들이 공부를 잘 못하거나 실수를 할 때마다 약점을 잡아 야단치면 아이들은 '나는 머리가 나쁘다', '나는 능력이 없다', '나는 이번에도 시험을 잘 못 볼 것이다'고 생각하기 쉽다. 이런 일이 되풀이되면 아이들은 공부에 더욱 소극적이고, 자기 자신을 비판하며 모르는 사이에 자신의 결점을 강조하고 자기 자신과 비판적인 대화를 하게 되어 아이들에게 스트레스가 된다. 자신의 좋은 점을 생각하지 않고 스스로 비하함으로써 사람들은 스트레스를 받는데, 이런 상황에서는 뇌의 회로 사이에 매듭이 잘 풀리지 않고 흐름의 장애가 나타난다. 또한, 잘되지 않던 때의 기억이 되살아나 일의 성취를 방해하고 무기력해진다. 큰 시험에서 자기 실력을 발휘하지 못하는 학생들은 항상 스스로에 대한 불안감에 시달리고 있다. 우리 인간의 뇌 회로는 확고한 자신감이 있을 때 가장 막힘없이 조화롭게 움직인다. '나는 머리가 나쁘다', '나는 잘하는 게 없다'는 식의 생각을 하는 순간 뇌는 활력을 잃는다. 즉 잘할 수 있다는 믿음이나 생각이 실제 성적을 향상하는 데 큰 도움이 된다.

아이들이 성공했던 경험을 다시 생각해 보도록 도와주고 자신감을 느끼게 하는 것이 중요하다. 시험을 잘 보았던 때, 자랑스러운 일을 성취했던 때, 불행한 여건에서 장애를 극복했던 때를 회상시켜 주면서 이번에도 잘할 수 있다는 자신감을 느끼게 해 주면 뇌에 신선한 활력을 주고 스트레스를 극복할 수 있게 해주어 공부의 효율성을 높여 준다.

자신의 운명을 피동적으로 남에게 맡기는 것보다 자신의 손안에 있다는 믿음을 갖게 하는 것이 어려움이나 고난을 극복할 수 있는 지름길이다. 실제로 자신감이 강하고 내적 통제력이 높은 사람은 스테로이드 호르몬 분비가 적고, 반대로 내적 통제력이 낮은 사람은 스테로이드 호르몬 분비가 많다는 사실이 밝혀졌다. 스테로이드 호르몬 분비가 장기간 많아지면 정서가 불안해지거나 면역력이 약화한다. 다시 말해서 자신감이 강하고 내적 통제력이 높고 긍정적으로 사고하는 사람일수록 정서가 안정되어 공부를 잘할 뿐만 아니라 각종 질병에 대한 면역력도 높다는 말이다.

나폴레옹은 '내 사전에 불가능이란 없다'는 말을 늘 마음속에 되뇌면서 모든 일을 가능하게 하려고 끊임없이 노력했다. 그 결과 모든 사람이 불가능하다고 생각한 많은 일을 해냈던 것을 우리는 잘 알고 있다. 어떤 일을 확신에 차서 할 때와 불안과 의심 속에서 할 때와는 성취에서 전혀 다른 결과가 나온다는 사실을 늘 마음속에 새겨둘 필요가 있다.

무엇이든 잘할 수 있다는 긍정적인 아이가 공부를 잘한다

오바마 대통령이 난관을 극복하고 대통령이 될 수 있었던 것은 '우리도 할 수 있다We can do it'는 긍정적 사고와 행동 덕분이었다. 이처럼 머릿속에 긍정적 이미지를 그려보면 실제와 같은 효과가 나타난다. 우리의 뇌는 실제로 일어난 일과 뇌 속에 그린 이미지를 잘 구별 못 한다. 다시 말해 실제 없는 데도 뇌가 있다고 느끼면 있는 것이 되기 때문에 머릿속에 이미지를 선명하게 그릴수록 그 이미지가 실현될 가능성이 높아진다. 다시 말해 성공의 이미지를 머릿속에 강하게 각인할수록 실제 성공할 가능성이 높아진다. '공부를 못한다', '해도 안된다', '결국 안 될거야'와 같은 부정적 이미지를 그리면 그로 인해 부정적 결과가 나오게 되나 시험을 잘 보는 장면, 상받는 장면을 떠올리면 실제 우뇌가 강화되어 성공 가능성이 높아진다. 이러한 현상은 밀가루 약이라도 효과가 있을 것이라고 믿고 먹으면 약효가 나타나는 '플라세보[placebo] 효과'와 진짜 약이라도 효과가 없다고 믿으면 약효가 나타나지 않는 '노세보[Nocebo] 효과'로 설명할 수 있다. 운동선수가 실수하거나 공을 넣지 못하는 부정적 이미지를 자꾸 뇌에 그리면 온몸이 하나로 작용하도록 뇌가 명령을 내리지 못하고 여러 갈래로 나누어져 실패하게 된다.

일상생활 속에서 접하는 새로운 자극들은 대뇌 신경세포에 적절한 자극이 되어 수많은 창조적인 신경회로를 활성화하기 때문에 활력을 불어넣어 주고 삶에 새롭고 창조적인 의미를 부여해 준다. 뇌 신경세포는 수천억 개에 이르고 있으며 신경세포들 사이 신경회로의 연결은 천문학적인 수[1,000조~ 1만조 개]에 이르고 있다. 적절한 자극에 대한 긍정적 사고는 신경세포 사이의 회로를 활짝 열어 주고 새로운 회로를 형성시켜 뇌 기능이 극대화되어 일이 이루어지게 되나, 부정적 사고는 회로의 흐름을 방해하거나 억제해 뇌 기능이 잘 발휘되지 못해 일이 제대로 이루어지지 않는다. 사람은 20세가 지나면서부터 하루에 수만 개의 신경세포가 사멸하는 것으로 알려졌다. 나이가 들수록 대뇌 신경세포의 수는 적어지고 기능이 떨어지기 때문에 생체에 가해지는 적절한 자극은 신경세포의 활성과 회로를 원활히 유지하는 데 중요하다. 반면 부정적 자극은 회로를 좁게 만들고 정체를 일으킨다.

긍정적 사고는 억제적인 신경전달물질계의 활성을 낮추고 흥분성 신경전달물질계의 활성은 높여 일의 추진력을 향상시킨다. 그뿐만 아니라 임파구를 포함한 면역계의 활성도 높여 우리 몸을 각종 질병으로부터 방어할 수 있게 한다. 동굴 속에 감춰진 보물을 캐내기 위해서는 보물을 캘 수 있다는 낙관 속에서 위험을 무릅쓰고 그 안에 들어가야지 보물을 캐지 못하면 어떻게 하나 하는 두려움으로 멀리서 바라보는 한 그 보물은 영원히 나의 것이 될 수 없을 것이다.

좋아하는 취미 생활은 학습 효과를 높인다 : 즐겁게 공부하면 공부가 잘된다

엄마와 아이의 대화를 잘 들어 보면 모든 내용이 공부에 집중 되어 있다.

"엄마, 친구하고 자전거 타러 가기로 했어요."

"공부나 하지 자전거는 무슨 자전거냐? 잘못해서 다치면 어떻게 하려고, 그리고 요즈음 자전거 사고가 많다고 하는데 자전거타고 오면 피곤해서 공부를 못 하잖아."

대화에서도 볼 수 있듯이 우리 부모들은 아이들이 하고 싶어하는 취미 생활을 쉽게 무시해 버리거나 부모가 선택한 취미 생활을 강요한다. 그러나 강요된 취미 생활은 마음의 욕구를 충족시켜 주지 못할 뿐만 아니라 아이들에게 오히려 큰 스트레스로 작용한다. 공부만 한다고 공부가 잘되는가 하면 결코 그렇지도 않다. 우리 뇌는

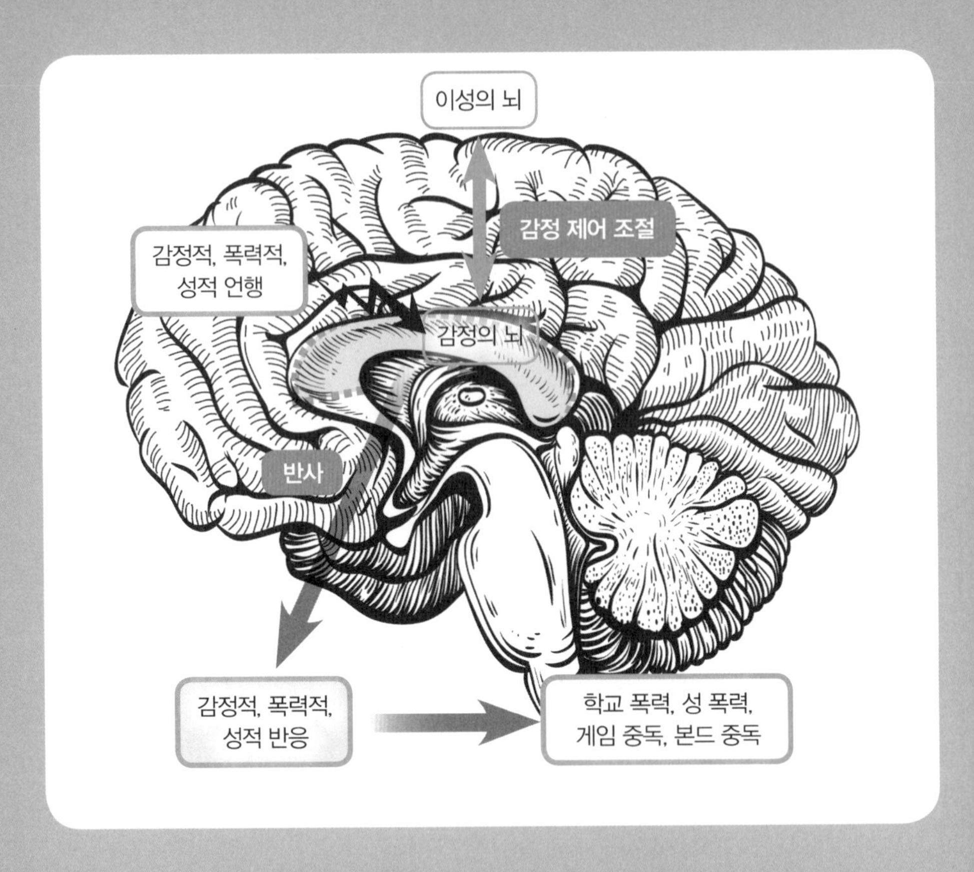

그림 21

감정적, 폭력적, 자극적 성적 언행은 감정의 뇌를 자극하여 감정의 뇌가 반사적으로 감정적, 폭력적, 자극적, 성적 반응을 하게 되나, 이성적 자극은 3층 이성의 뇌로 올라가서 판단한 다음 사려 깊은 감정적 대응을 하게 된다.

공부와 지적 활동을 하는 지성의 뇌와 감정, 정서를 관할하는 감정의 뇌, 동물의 뇌가 있다. 다시 말해서 대뇌의 가장 윗부분인 대뇌피질에 지성의 뇌가 있고 그 밑에 동물의 뇌가 있다. 그리고 지성의 뇌와 동물의 뇌는 수많은 회로로 연결되어 있어서 서로 정보를 주고받으며 이성과 감성의 활동을 하고 있다(그림 23).

즐겁게 공부하면 동물의 뇌, 감정의 뇌가 적절히 자극을 받아 충족되고 회로가 위로 열리면서 지성의 뇌가 지적 활동과 창조 활동을 막힘없이 원활하게 할 수 있도록 해준다. 이어 감정의 뇌변연계 바로 밑에 같은 변연계에 속해 있는 '기억의 뇌'인 해마가 자극받아 기억이 잘 되고 앞쪽에 있는 지의 뇌 일부인 '동기의 뇌'가 자극받아 활성화됨으로 서로 선순환의 자극이 연속적으로 일어나 공부를 잘하게 된다(그림 23). 즉 감정적, 본능적 충족감이 어느 정도 만족되면 스트레스가 해소되고 지적 활동이 더욱 왕성해지면서 효율성이 올라가는 것이다.

즐겁지 않게 억지로 공부하면 '감정의 뇌'가 억제되어 '지의 뇌'도 활성화되지 못하고 지성의 뇌만 계속해서 혹사당하여 스트레스가 쌓여 우울증, 애착장애와 같은 여러 가지 정신적, 신체적 질병이 발생하고 나중에는 비정상적인 방법으로 '감정의 뇌'를 충족시키기 위하여 학교 폭력, 인터넷 중독과 같은 불행한 결과를 초래할 수도 있다(그림 21). 오늘날 우리는 스트레스를 못 이겨 인생을 포기하거나 자살로 끝을 맺는 경우를 너무나 자주 접한다. 이렇게 되지 않기 위해서는 적당한 취미 생활과 같은 감정 충족 교육을 적극적으로 실시할 필요가 있다.

03 뇌를 움직이는 특별한 공부법

5분을 미끼로 더 큰 고기를 낚아라 : 집중력을 높여주는 5분 공부법

어떻게 하면 동기를 유발해 자율적인 공부를 이끌 수 있을까? 좋은 방법의 하나는 '5분 공부법'이다. 밖에서 놀다가 들어온 아이를 따뜻한 눈초리로 안아주면서 "오늘 공부하느라 얼마나 고생했니? 나가서 실컷 놀다가 들어오렴. 놀다가 지치면 들어와 5분만 공부하렴."이라고 말하면 아이들은 엄마가 하는 말의 의도를 곰곰이 생각한다. 만약 평소처럼 공부하라는 엄마의 말에는 반사적으로 감정적 반응을 보일 것이다. 감정적이고 폭력적인 말은 감정의 뇌를 직접 자극하여 생각 없이 반사적으로 감정적이고 폭력적인 반응으로 나타나지만, 이성적인 말은 '이성의 뇌'·'지의 뇌'를 자극하여 생각부터 하게 된다. 감정의 뇌가 자극받기보다 이성의 뇌가 자극되어 이성적이 되는 것이다.

대개 3가지 의미를 생각할 것이다. '엄마가 오늘 좀 이상한데? 정신이 어떻게 되었나?', '무슨 꿍꿍이가 있는 것은 아닐까?', '엄마가 이제 공부를 잘 안 하는 나를 포기한 것이 아닐까?' 등 엄마의 정신이 이상해도 안 되고, 엄마의 꿍꿍이에 넘어가도 안 되고, 엄마가 나를 포기해도 안 된다는 3가지 가운데 어떤 것도 받아들일 수 없다는 것을 깨닫는다. 엄마가 실컷 놀다가 오라는 말이 좋기는 하지만 3가지 가능성이 계속 머리를 맴돌아 더는 놀지 못하고 들어온다. 5분 동안은 문제없이 잘할 수 있다는 자신감 속에 '감정의 뇌'가 안정되어 즐거운 마음으로 공부를 시작할 것이다. 공부가 잘되고 새로운 사실을 알게 되는 기쁨 때문에 공부에 임하는 자세가 달라질 것이다. 그것이 동기 유발이 되어 5분이 10분으로 연장되고, 20분 이상까지도 연장될 것이다.

5분 동안 공부나 일을 하라고 하면 누구든지 스트레스를 느끼지 않고 자신감을 느끼고 임할 것이다. 5분 동안 공부하라는 것을 미끼로 자신감을 심어 주고 집중력을 올려 주면 공부가 잘되고 공부의 재미를 느끼게 된다. 스스로 10분, 20분, 30분 이상 큰 부담 없이 즐겁게 공부할 수 있을 것이다. 5분 공부를 30분 공부로 얼마든지 만들 수 있다. 하기 싫은 공부를 즐겁지 않은 기분으로 강제로 해 공부에 대한 혐오감을 키워 주는 것보다 5분 만이라도 스스로 즐겁게 할 수 있도록 유도하는 것이 공부에 재미를 붙이고 자신감을 심어주는데 더욱 효과적이다.

그림 23에서 보는 것처럼 동기 유발을 담당하는 '동기의 뇌'와 '지성의 뇌'가 자극되면 연속해서 '감정의 뇌'와 밑에 있는 '기억의 뇌'가 자극되고, 다시 동기 유발을 담당하는 '동기의 뇌'와 '지성의 뇌'가 자극되어 학습 효과는 극대화된다. 동기 유발이 없는 강제

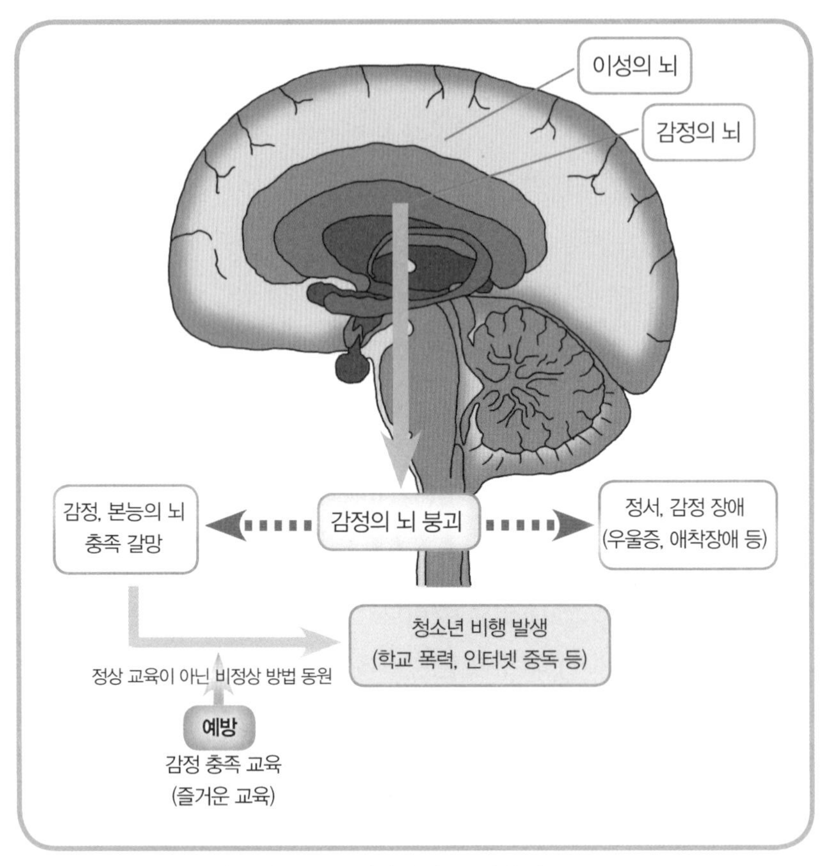

그림 22 이성의 뇌와 감정의 뇌, 기억의 뇌, 동기의 뇌

감정의 뇌가 붕괴하거나 위축되면 애착장애, 우울증 등의 정서장애를 초래할 수 있다. 따라서 감정을 충족시켜 주는 교육을 하면 '이성의 뇌'로 올라가는 회로가 활짝 열려 공부가 잘 된다.

교육은 '지성의 뇌', '감정의 뇌', '기억의 뇌', '동기부여의 뇌' 모두 억제하는 악순환이 되풀이되기 때문에 과감히 이 악순환의 고리를 끊어 버려야 한다. 이 악순환을 단절시키는 좋은 방법의 하나가 바로 5분 공부법이다. 5분을 미끼로 투자하여 60분을 얻을 수 있다.

강제 교육은 공부에 싫증을 느끼게 하며 자기주도 학습을 못 하게 한다

아이들이 공부를 싫어하는 가장 큰 이유는 강제적으로 마지못해 공부하기 때문에 집중력이 떨어지고 새로운 지식을 잘 이해하지 못하게 되어 '아는 즐거움'을 느끼지 못하기 때문이다. 내키지 않는데 억지로 공부하기 때문에 '감정의 뇌'가 위축되어 즐거운 마음으로 배움의 즐거움을 느끼지 못하고 상대적으로 공부에 대한 혐오감만 점차 늘어난다. 사람은 새로운 사실을 스스로 알게 될 때 '앎의 기쁨'을 느끼게 되지만 강제적인 교육으로는 스스로 알게 되는 경우가 드물어서 이러한 기쁨이 잘 생겨나지 않는다.

그림에서 보는 것처럼 우리의 뇌는 자기의 앞날을 위해 스스로 공부해야겠다고 생각하는 동기 유발의 뇌 부위가 있는데 이 뇌 부위는 뇌의 앞부분에 있는 전두엽에 있으며, 이 뇌 부위는 바로 밑에 있는 '감정의 뇌', '본능의 뇌'와 '기억의 뇌'인 해마와 붙어 있으며 끊임없이 상호 정보를 교환하며 영향을 미치고 있다. 공부해야겠다고 스스로 생각하게 되면 동기 유발의 뇌가 자극되고, 이 자극이 '감정의 뇌'로 내려가서 공부를 즐거운 마음으로 하게 된다. 이 즐거운 마음은 다시 '기억의 뇌'로 전달되어 기억력이 좋아지고, 거꾸로 다시 '지성의 뇌'인 전두엽을 자극해서 집중력도 올라가게 되고, 덩달아 공부의 효율이 올라간다(그림 23).

기분이 내키지 않는데 억지로 공부한다든지, 기분이 우울하고 걱정이 있을 때는 감정의 뇌가 억제되고 이어 '지성의 뇌'가 억제되어

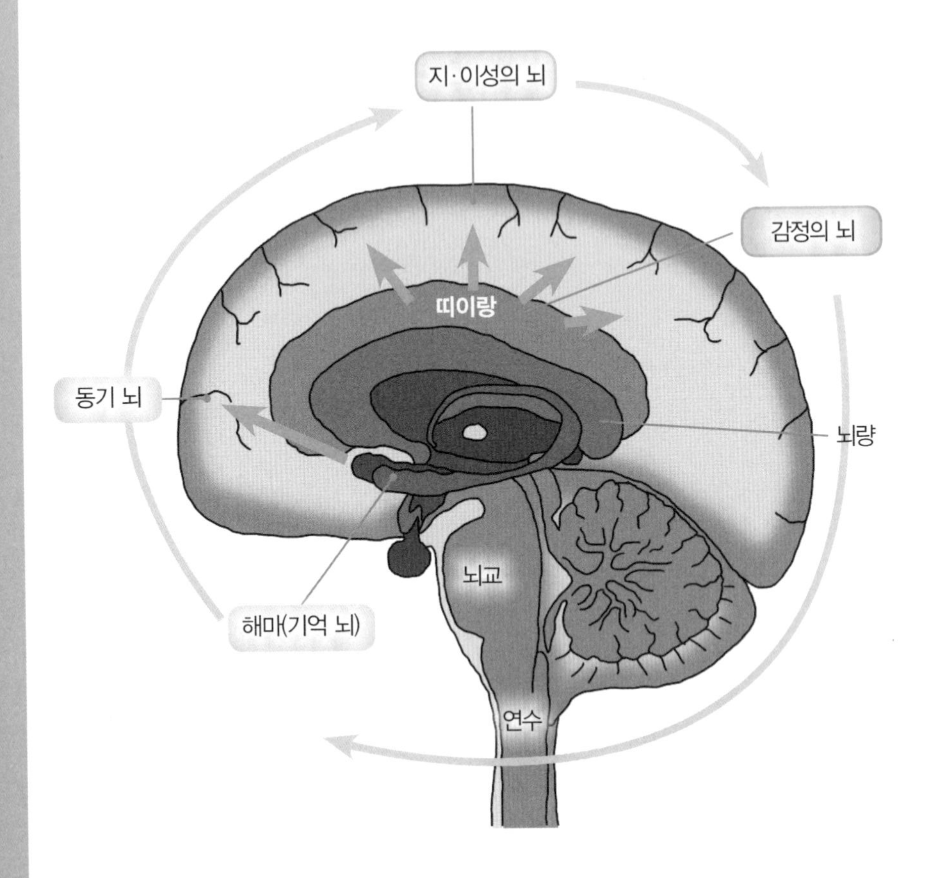

그림 23 즐겁게 공부하면 기억도 잘된다

즐겁게 공부하면 감정의 뇌가 활성화되고, '지의 뇌'로 올라가는 회로가 활짝 열려 '지의 뇌'가 극대화되고 그것은 밑에 붙어 있는 같은 변연계에 속한 기억의 뇌 '해마'를 활성화한다. 기억의 뇌는 앞에 붙어있는 동기의 뇌를 활성화해 동기 부여가 잘 일어나 더욱 즐겁게 공부하게 된다. 그러나 마지못해 억지로 공부하면 '감정의 뇌'에 이어 '지의 뇌'가 위축되고 기억의 뇌가 억제되어 동기 부여는 일어나지 않아 공부는 더욱 못 하게 된다.

잡념이 생기고 집중이 안 되어 공부의 효율이 그만큼 떨어진다. 더군다나 '감정의 뇌' 옆에 '기억의 뇌'인 해마가 붙어 있기 때문에 기분이 좋지 않으면 기억이 잘되지 않고 기쁨을 느끼지 못한다.

다시 말해서 자율적으로 공부하는 것은 즐겁고 기억도 잘 되어 공부의 효율이 올라가며 공부하고자 하는 동기가 더욱더 유발되고 안정된 마음으로 공부를 잘하게 된다. 그러나 강제적으로 즐겁지 않은 기분으로 마지못해 하게 되면 기억이 잘 안 되고 공부의 효율이 그만큼 떨어지며 정서가 불안정해진다.

부모들이 자녀들의 얼굴을 볼 때마다 가장 많이 하는 말은 아마도 "공부해라", "공부 안 하고 뭐하니!" 등의 말일 것이다. 이렇듯 아이들이 하고 싶은 마음이 없을 때 공부하라는 말을 들으면 아이들의 뇌에 어떤 변화가 일어나는지 알아보자.

우선 동물의 뇌인 '감정의 뇌'가 자극을 받아 금세 기분이 나빠져 반사적으로 반발하는 말이나 행동 등의 감정적인 반응을 보인다. 반대로 앞에서 이야기한 바와 같이 "5분 동안만 공부하고 놀아라.", "너는 조금만 노력하면 잘할 수 있다." 등의 사랑이 담긴 격려의 말을 듣게 되면 '감정의 뇌'가 충족되고 이 자극이 동기 유발을 일으키는 '이성의 뇌' 이어 '기억의 뇌', '동기의 뇌'로 올라가서 공부를 스스로 즐겁게 하게 한다. '감정의 뇌'를 반사적으로 흥분시키는 말보다 따뜻하게 충족시켜 주는 말이 '이성의 뇌'를 동시에 적절히 자극해 사려 깊은 사고와 행동이 나오게 한다(그림 22). 아인슈타인은 강제교육의 폐해를 다음과 같은 말로 지적했다.

"건강한 맹수에게 배부를 때 먹이를 주면서 먹으라고 채찍질해 봐야 오히려 식욕을 떨어뜨릴 뿐이다."

즉 배움과 관찰의 즐거움은 강제적인 교육에서 생겨나는 것이 아니다.

즐거운 마음으로 공부해야 동기와 기억력이 올라가 자기주도학습이 가능해진다.

기억에는 세 가지 단계가 있다. 첫 번째는 새로운 지식을 외워서 뇌에 입력하는 입력단계, 두 번째는 외운 것이 뇌에 저장되는 저장단계, 세 번째는 저장된 것을 생각해 내는 회상단계다. 그러나 이 세 단계 가운데 어느 한 단계라도 이상이 생기면 정확한 기억을 할 수 없게 된다.

일반적으로 기억은 감정의 영향을 많이 받는 것으로 알려졌다. 그중에서 보통 두 가지가 오랫동안 생생히 기억된다. 아주 재미있었던 기억과 슬프고 놀랐던 기억은 세월이 많이 흘러도 잊히지 않고 생생히 떠올릴 수 있고, 흥미 있는 일이나 좋아하는 것도 다른 것보다 빨리 기억할 수 있다. 그러나 싫어하는 것이나 불쾌한 것은 잘 외워지지 않고 쉽게 잊어버리게 된다. 따라서 공부한 것을 오래 기억시키기 위해서는 아이들이 싫어하는 자극을 주며 억지로 공부시키기보다는 즐거운 마음으로 공부할 수 있도록 유도해야 스스로 동기도 생겨서 자기주도학습이 가능하다.

마음이 즐거울 때는 수많은 뇌의 회로가 막힘없이 잘 흐르게 되어 기억이 쉽게 입력되고 견고하게 저장되지만, 우울할 때나 마지못해 억지로 어떤 일을 할 때는 뇌의 회로가 잘 흐르지 않고 자극이 여러 곳으로 분산되기 때문에 기억이 집중적으로 입력되지 못해 저장이 잘되지 않는다.

뇌의 밑바닥 줄기 한가운데에는 정신을 맑게 유지해 주고 집중할 수 있게 해주는 신경세포의 그물이 있다. 망상활성화계라고 부르는 신경세포의 그물은 뇌의 맨 위쪽에 있는 대뇌 신경세포에 계속 자극을 보내 정신을 맑게 유지하고 한곳으로 집중할 수 있게 해준다(그림 5). 감정이 복잡할 때는 망상활성화계도 흩어지고 억제되어 주의력이 산만해지고 기억 기능이 잘 이루어지지 않는다. 좋은 기억력을 유지하려면 우선 기억하려는 일에 재미와 흥미를 느끼며 즐거운 마음 상태를 갖고 감정을 안정시키는 것이 중요하다.

마음이 불안하거나 우울할 때는 자신이 좋아하는 음악을 듣거나 운동을 하거나 재미있는 소설책을 보면서 기분 전환을 하는 것이 좋다. 내키지 않는 상태에서 억지로 공부를 시키는 것보다 즐거운 기분에서 마음을 가다듬은 다음에 자율적으로 공부하도록 유도하는 것이 좋은 기억력을 유지하는 데 더 효과적이다.

기억 기능은 최근에 진화하고 발전한 신피질과 오래전에 만들어진 고피질에서 하고 있으므로, 고피질과 신피질에서 서로 협력하여 기억이 이루어져야 효과적일 수 있다. 이치를 따지지 않고 지식을 단순하게 암기만 하면 고피질 부위만 발달하여 '동물의 뇌'만 발달한다. 그러나 여러 가지 지식을 동원하여 차이점을 서로 인식하고 이해하게 되면 고피질뿐만 아니라 신피질 전체가 활발하게 움직이면서 회로가 활짝 열리기 때문에 효율성이 훨씬 높아진다. 어떤 문제를 풀 때는 뇌의 일부를 동원하는 것보다 전체를 동원하는 것이 훨씬 효과적이다.

감정 표현을 억제하지 말고 잘해야 기억력이 올라간다.

기억력을 높이고 싶다면 감정 표현에 솔직한 것이 좋다. 최근 연구 결과에 의하면 사람이 감정을 자제하고 무표정하게 있을 때 단기기억력이 감소한다는 점이 보고되었다. 영화를 볼 때 즐겁고 웃긴 장면이 나오거나 슬픈 장면이 나올 때 웃거나 울지 못하게 감정을 억제하면 영화에 대한 기억력이 떨어지는 것으로 알려졌다. 앞의 그림 23에서 보는 것처럼 감정중추는 기억중추인 해마와 붙어 있기 때문에 감정이 즐거울 때 기억이 잘되는 것은 너무나 당연하다.

'기억의 뇌'는 앞의 전두엽에 있는 동기 부여의 뇌를 활성화해 더욱 즐겁게 공부하게 된다. 그러나 감정을 부자연스럽게 억제하면 소수의 세포만이 기억 과정에 참가하기 때문에 기억력이 떨어진다. 즉 아이를 억압하고 명령하는 태도로 대하면 아이는 기가 죽고 자기감정을 자꾸 숨기게 된다. 더욱 부드럽게, 더욱 민주적으로 아이를 대하는 것이 아이의 성격뿐만 아니라 두뇌 발달에도 좋다.

뇌 신경세포 사이의 신경회로 연결은 천문학적인 수에 이른다.

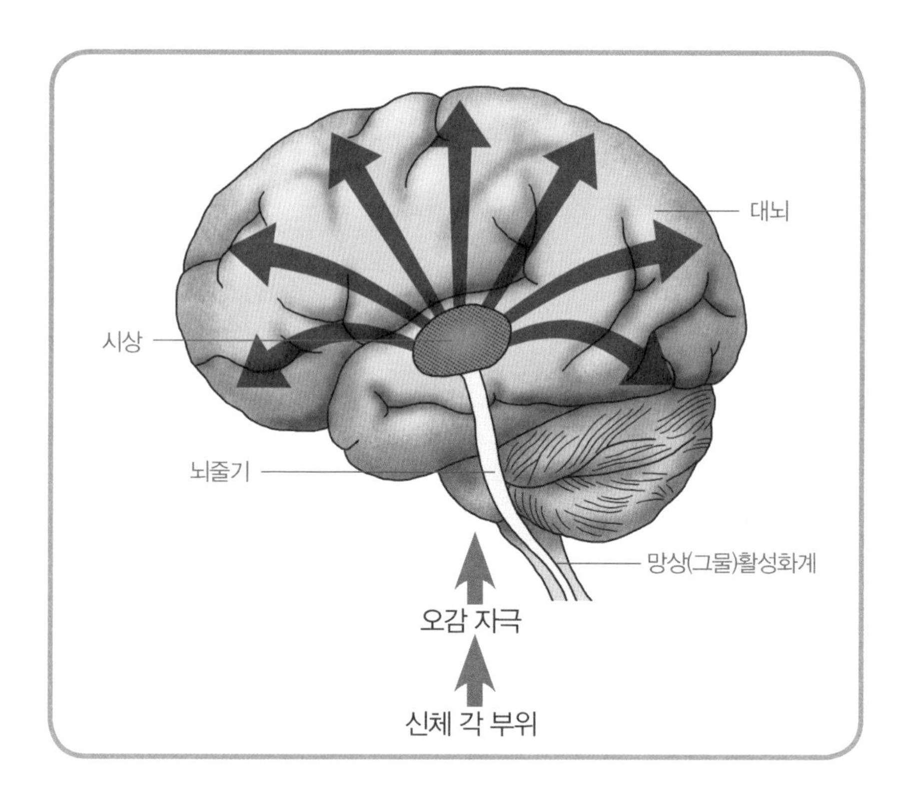

적절한 자극에 대한 긍정적인 사고는 신경세포 사이의 회로를 활짝 열어 주고 새로운 회로를 형성시키지만, 부정적인 사고는 회로의 흐름을 방해하거나 억제한다. 낙관적인 사고는 억제적인 신경전달물질계의 활성을 낮고 흥분성 신경전달물질계의 활성은 높여 줘서 일의 추진력을 높인다.

아이를 밝고 명랑한 성격의 소유자로 만들려면 평소에 아이의 기를 꺾는 부정적인 단어나 명령조 또는 억압하는 말투 등을 사용하지 않는 것이 좋다. 기가 꺾인 아이, 자신의 행동에 제재를 자주 당하는 아이는 부정적이고 공격적인 성격의 소유자가 되기 쉽다.

동기 유발을 시키면 학습 효과가 놀랄 정도로 높아진다

아이에게 무엇을 가르치고 싶으면 우선 아이가 그것을 하고자 하는 동기유발을 이끌어내는 것이 중요하다. 예를 들어 아이에게 "이제 퍼즐 놀이를 해라!"라고 시켜서 놀이하는 것과 아이가 퍼즐 놀이를 스스로 선택해서 하는 것과는 많은 차이가 있다. 시켜서 놀이하는 아이는 즐겁지도 않아 놀이에 집중하지도 않는다. 스스로 퍼즐 놀이가 하고 싶어서 시작한 아이는 누가 시키지 않아도 놀이 재미에 푹 빠져 시간 가는 줄 모르고 집중할 것이다.

이 둘의 차이는 뇌에 자극을 주는 강도나 방법에도 차이가 있다. 감정중추와 기억중추는 서로 붙어 있다. 스스로 하고 싶어서 놀이를 시작한 아이는 기분이 매우 좋을 것이고, 이것이 감정중추를 강하게 자극하게 된다. 감정중추는 다시 옆에 붙어 있는 기억중추를 강하게 자극해 기억력을 높이는 결과를 낳는다. 반대로 하기 싫어서 스트레스받으며 노는 아이는 감정중추가 기분 좋은 자극을 받지 못하고, 기억중추 역시 자극을 덜 받게 되어 기억력이 떨어질 수밖에 없다.

아이에게 강제로 학습을 시키면 제대로 학습효과를 볼 수 없다. 따라서 아이가 놀이나 학습을 해야 하는 이유에 대해 충분히 생각하고, 스스로 해야겠다는 필요성을 느껴서 자발적으로 시작할 수 있도록 해야 한다. 그렇게 된다면 억지로 하는 것과는 비교도 되지 않을 만큼 학습효과는 높아진다.

기억을 오랫동안 유지하는 10가지 방법

단기기억은 신경세포 회로에 구조적인 변화를 수반하지 않기 때문에 쉽게 없어질 수 있다. 그러나 장기기억은 신경세포 회로에 구조적인 변화, 즉 단백질에 의해 회로가 두꺼워지거나 새로운 가지가 돋아나 이 속에 기억이 견고하게 저장되므로 여간해서는 잘 없어지지 않는다.

시험 보기 직전에 급하게 외운 것들은 단단한 단백질 구조 속에 저장되지 못하기 때문에 조그마한 충격을 받거나 시간이 지나면 아주 쉽게 잊어버리게 된다. 다른 강한 자극을 줄 수 있는 지식이 들어오거나 재미있는 영화를 보고 난 뒤에 이들 자극이 밀려나 저장되지 못하고 쉽게 잊히게 되는데 이런 기억은 단기기억이라고 볼 수 있다. 그러면 어떻게 해야 단기기억을 장기기억으로 저장해 오래 기억되게 할 수 있을까?

첫째, 정신을 집중하여 한 번에 한 가지 정보만을 뇌에 입력하는 것이 좋다. 여러 가지 정보가 동시에 입력되면 서로 경쟁하기 때문에 입력이 견고하게 저장되지 않는다. 잡념을 없애고 정신을 집중해서 한 번에 한 가지 지식을 입력해야 기억이 오래간다.

둘째, 내용을 이해하면서 책을 반복해서 읽는 것이 좋다. 최근에 대학 입학 시험에서 강조되고 있는 논술 시험과 같은 종합적 지식을 테스트하는 시험에서는 이해를 동반한 지식의 기억이 필수적이다. 지식을 이해하기 위해서는 단순 암기 때보다 더 많은 신경세포 회로가 동원되고 활성화되어야 한다. 이 과정에서 신경세포 회로는 더욱 두꺼워지고 그물망은 복잡해진다. 이렇게 이해를 동반한 지식은 더 오랫동안 장기기억으로 저장되는 것이다.

셋째, 기억한 것을 잊어버리기 전에 바로 복습하고 다시 떠올려 보도록 한다. 보고 들은 내용이 뇌에 입력될 때 신경세포 회로가 두꺼워지고 강화되기 위해서는 단기기억의 흔적이 없어지기 전에 다시 한 번 같은 신경회로에 지식을 입력해야 흔적이 강하게 남아 장기기억으로 넘어간다. 대개 7시간 이내, 7일 이내에, 30일 이내에 3번 이상 복습하는 것이 가장 효과적이다.

넷째, 공부한 내용을 질문으로 바꾸어 그 질문에 답하는 습관을 지닌다. 습득한 지식을 질문으로 바꾸고 그 질문에 답을 하게 되면 답을 찾기 위해 여러 종류의 지식이 저장된 신경세포 회로가 동원되어 서로 교신하기 때문에 신경세포 회로가 발달하고 두꺼워진다.

다섯째, 공부한 내용을 요약해 본다. 전체를 이해하지 않고서는 제대로 요약할 수 없기 때문에 읽고 들은 지식을 몇 줄로 요약해 보는 것이 전체 지식을 함께 이해하는 데 도움을 준다. 기억된 지식을 요약하기 위해서는 다양한 지식이 저장된 신경세포가 동원되어 서로 교신을 통해 비교하게 된다. 이 비교를 통해 더 중요한 지식이 선택되고, 뇌 신경세포는 더욱더 활성화되고 발전한다.

여섯째, 학습된 내용을 항상 비교해 보도록 한다. 학습한 내용 중에서 비슷한 점, 다른 점, 새로운 점을 찾아냄으로써 수많은 신경세포 회로를 동원하고 발달시킨다.

일곱째, 자신감을 가져야 한다. 자신감을 가지기 위해서는 우선 학습효과가 나타나지 않는다고 해서 자신감을 잃지 않도록 격려하는 것이 중요하다. '나도 할 수 있다', '나도 영재가 될 수 있다'는 자신감은 뇌에 있는 긍정적인 회로를 활성화해 주지만 실망감, 패배감은 뇌에 부정적인 영향을 미쳐 억제성 신경계를 활성화해 일부 회로만 작동한다. 동기유발이 되면 나도 할 수 있다는 자신감이 더욱 생기며 하고 싶어서 하는 공부는 공부에 강한 자신감을 주어 학교나 학원 선생에 의존하지 않게 되어 자기주도학습이 가능해진다.

여덟째, 대뇌, 지의 뇌가 항상 맑게 깨어 있도록 해야 한다. 운동이나 오감을 통한 자극으로 항상 대뇌를 깨어 있게 해야 한다. 공부하는 중간중간에 가벼운 스트레칭을 하거나 좋아하는 음악을 듣거나 좋아하는 음식을 가볍게 먹거나 피부를 가볍게 마사지하면 대뇌를 맑게 유지하는 데 좋다. 하지만 강력한 자극이나 운동은 심장과 뇌를 흥분시키므로 삼가는 것이 좋다.

아홉째, 걱정이나 불안은 집중력의 적이므로 즐거운 마음에서 공부하는 것이 좋은 기억력을 유지하는 데 좋다.

열째, 앞에서 설명한 것과 같이 충분한 수면은 장기기억을 만드는 데 중요하다. 양적인 공부보다 질적인 공부를 위해서는 적절한 휴식과 수면이 필수적이다.

너무 일찍, 너무 많이 가르치지 않는다 : 선행 교육과 양적 교육은 아이 뇌 손상의 주범

말은 1세 전후에 하기 시작하여 부모, 형제, 자매, 친구들로부터 자연스럽게 배우게 된다. 언어 기능은 태어날 때부터 서서히 발달하지만, 언어 기능을 담당하는 측두엽은 만 6세 후부터 집중적으로 발달한다. 그전에는 뇌 발달이 본격적으로 이루어지지 않았기 때문에 아이는 언어학습을 제대로 소화하기도 힘들 뿐만 아니라 언어장애 등의 후유증이 생길 수 있다. 언어는 단순한 단어의 연결이 아니라 감정과 생각이 표현되어야 그 기능이 제대로 이루어지는데, 이것은 인지 기능이 같이 발달해야 가능하다. 우리말은 물론 영어도 인지 기능이 같이 발달하는 초등학교 시기에 배우는 것이 가장 효과적이다.

1차 상징인 말과 2차 상징인 글은 둘 다 구체적인 형태를 띠지 않는 기호이기 때문에 아이들이 습득하기란 쉽지 않다. 아직 배울 때가 되지 않은 아이에게 어른의 욕심으로 너무 일찍, 너무 많이 가르치면 아이는 스트레스를 받게 되고, 그것이 심해지면 '과잉 학습 장애'라는 일종의 정신 질환으로 나타난다. 일방적인 무차별 학습 공격을 받은 아이는 거부하는 행위로 난폭한 행동을 보이거나 다른 사람과 대화를 하지 않으려는 우울증이나 자폐증, 책이란 책은 무조건 거부하는 학습거부증, 친구들과 어울려 놀지 못하는 비사회적 성격이나 설사, 복통, 경련 등의 신체적 후유증까지 생길 수 있다.

따라서 말하기, 듣기, 읽기, 쓰기 등 언어 능력과 관련된 학습은 만

5세에서 6세가 된 후에 본격적으로 시키는 것이 좋다.

아이의 귀중한 뇌 발달을 방해하는 스마트폰 사용과 전자파 노출을 줄이지 않으면 아이의 기억력, 창의력은 없다

휴대전화와 컴퓨터를 사용하지 않거나 텔레비전을 보지 않고 하루를 보내는 것은 상상하기 힘들게 되었다. 스마트폰이나 컴퓨터에서 수많은 정보가 동시에 계속해서 들어오기 때문에 한 개의 정보가 뇌에 견고하게 저장이 되지 못하고 다른 정보가 계속 들어와서 뇌는 더 쉽게 피로해져 기억력 감퇴, 건망증이 잘 나타난다. 이것이 소위 '디지털 치매'이다. 뇌를 적극적으로 사용해서 가치 있는 정보를 선택해서 잘 이용해야 하는데 단순히 수많은 정보에 노출되어 있어 뇌가 피로해지고 손상되고 있다. 순간적인 말초자극에 아이들은 스마트폰을 놓지 못하고 거의 중독 상태에 있는 아이들도 점차 많아지고 있다. 아이들은 여전히 판단력과 절제력이 부족하므로 유아동이 게임 중독에 빠지는 경우가 더 많고 어른보다 고치기가 더 힘들다. 특히 어린아이들은 주위 아이들과는 접촉하지 않고 미성숙한 '감정 뇌'와 '이성의 뇌', '지의 뇌'가 손상되어 정서장애 질환이나 자폐증세, 집중력 장애, 기억력과 창의력 장애가 나타날 수 있기 때문에 특히 유아인 경우 특별한 주의를 해야 한다.

게임에 중독된 유아동과 청소년들에 발작 증세가 보고되자 영국과

프랑스에서는 유아와 어린이들의 스마트폰 사용을 금지하고 있으며 청소년들에게는 '피곤하거나 졸릴 경우는 게임을 삼가고 환한 방에서 화면과 상당한 거리를 두고 매시간 10~15분간 휴식을 취하면서 게임해야 한다'는 경고문을 비디오 게임기에 부착했다. 또 컴퓨터를 사용하는 임산부의 유산율과 저체중 아이를 낳을 확률이 컴퓨터를 사용하지 않는 임산부보다 두 배 이상 높다는 미국의 보고가 있다. 특히 장기가 형성되는 임신 초기 3개월은 조심해야 공부를 잘하는 건강한 아이를 낳을 수 있다.

매일매일 아이들이 접하는 수많은 전자기기에서 전자파가 나온다. 스마트폰과 각종 전자기기에서 나오는 전자파는 필자의 연구결과 고도의 뇌 기능을 담당하는 대뇌 부위와 학습과 기억 기능을 영위하는 해마 부위, 그리고 운동과 몸의 평형, 레이더 기능을 담당하는 소뇌 피질 부위 신경세포의 변성을 촉진하는 것으로 드러났다.

장기간에 걸쳐 과도하게 전자파에 노출되면 대뇌 피질부와 해마, 그리고 소뇌의 기능이 지장을 받아 인지 기능과 기억장애, 경련 발작이 와서 아이들의 두뇌가 나빠질 수 있다. 특히 뇌세포가 끊임없이 성장하는 우리 아이들은 전자파에 더욱 예민하기 때문에 조그마한 위해 자극이라도 매우 나쁘다. 휴대전화나 텔레비전에서 나오는 전자파에 오랫동안 노출되는 것은 좋지 않으며, 일정 거리를 두고 사용하는 것이 아이의 뇌를 보호하는 데 큰 도움이 된다.

두뇌의 힘을 강하게 하는 방법은 아이 안에 있다

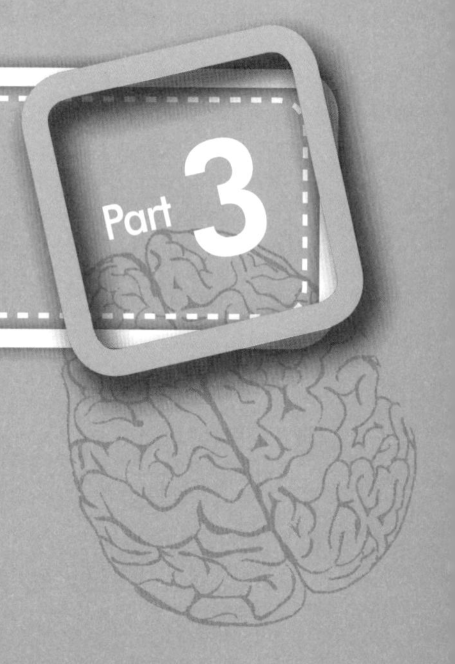

01 아이의 두뇌는 즐겁고 낙관적이어야 최고로 발휘된다

적극적 사고를 키워라

적극적이고 낙관적인 사고는 질병과의 싸움에서 이길 수 있는 가장 큰 힘이다. 소극적인 자세로 공부를 어렵고 힘들다고 생각하기보다 적극적이고 낙관적인 사고 속에서 잘할 수 있다는 자신감을 느끼는 것이 공부를 잘하는 중요한 자세다.

낙관적인 사고가 성적을 올리는 데 중요한 역할을 한다는 것을 증명한 실험이 있다. 매우 시끄러운 환경에 노출된 두 집단의 사무직 근로자들이 있다. 한 집단에게는 언제나 소음을 차단할 수 있는 스위치가 달린 작업대를 주고 다른 집단에게는 주지 않았다. 두 집단 사이의 생산성을 비교한 결과 스위치를 받은 집단의 생산성이 30% 이상 높았다. 실제로 스위치를 받은 집단에 속한 사람 중 스위치를 누른 사람은 아무도 없었다. 그러나 이들은 자신들이 원할 때는 언제나 소음을 차단할 수 있다는 사실만으로도 자신감과 안도감을 가졌기 때문에 생산성이 향상되었다.

실제로 공부에 강한 자신감과 적극적 태도를 가진 사람은 스트레스 호르몬인 스테로이드 분비가 낮고, 반대로 자신감이 낮고 소극적 태도를 가진 사람은 스테로이드 호르몬 분비가 높아 과도한 스트레스 반응이 나타나고 면역기능을 담당하고 있는 임파구 세포와 거식 세포의 기능이 떨어지는 것이 발견되었다. 다시 말해서 공부에 대한 자신감과 신념이 강하고 적극적 사고를 지닌 사람이 질병에 대한 면역력과 방어력도 높다는 말이다.

가장 좋은 방법은 공부나 사물에 대한 관점을 긍정적이고 낙관적으로 바꾸는 것이다. 같은 일에 대해서 낙관적으로 생각하는 것과 걱정을 앞세우는 것은 차이가 크다. 여기서 낙관적인 사고가 단순히 부정적인 사고를 하지 않는다는 뜻이 아니라 긍정적이고 진취적인 사고를 적극적으로 하는 것을 의미한다. 어떤 일에 대해 우리가 가질 수 있는 여러 가지 생각, 특히 가장 낙관적인 것과 가장 비관적인 것의 양극단까지를 모두 떠올려보고, 그중 가장 낙관적인 생각을 선택하는 습관을 갖는 것이 좋다. '안 된다', '할 수 없다'는 생각보다 '된다', '할 수 있다'는 생각을 하는 것이 좋다. 행복한 생각은 다른 일도 좋은 기분으로 받아들일 수 있게 하며 뇌의 흥분신경계[긍정적]를 자극하고 억제신경계[부정적]를 억제해 근육의 긴장을 풀어 주고 과민한 신경을 완화해 주며 혈압을 정상화시켜 결과적으로 효율성도 높여 준다.

스트레스는 뇌 건강과 공부의 적

스트레스는 우리가 눈을 떠서 잠자리에 들 때까지 그리고 인류가 이 지구에 탄생한 순간부터 한시도 우리 곁을 떠나지 않고 영향을 미치고 있다.

스트레스라는 말은 물리학 분야에서 처음 사용했다. 용수철에 적당히 힘을 가해 당겼다가 놓으면 원래 상태가 되돌아가지만, 지나치게 세게 잡아당겼다가 놓으면 용수철이 비틀어진다. 스트레스는 용수철을 비틀어지게 하는 힘을 가리켰다. 현재에는 의학 분야에서 주로 사용되어 '외부에서 생체로 가해지는 자극으로 생체 내에 장애가 생기는 상태'를 뜻하는 말로 쓰인다. 단기간의 적절한 자극은 우리 생체에 유익한 자극(유스트레스; eustress)으로 작용하나 장기간의 강한 자극은 생체에 해로운 스트레스로 작용한다.

인간이 경험하는 최초의 스트레스는 어머니의 따뜻한 품에서 안전하게 보호받으며 모든 생명수를 받다가 이 세상에 나오는 순간이다. 즐거움이나 해방감보다는 낯선 세상에 던져진 두려움으로 허공을 향해 울음을 터뜨리는 그때가 바로 그것이다. 매일 우리에게 닥치는 많은 스트레스 가운데 적절한 자극 Eustress는 정신을 바짝 차려서 열심히 일할 수 있는 에너지를 줄 뿐만 아니라 인류의 문화 창조에 이바지했다. 그러나 자극이 강도 높게 오랫동안 지속하면 생체가 적응할 수 있는 한도를 넘게 되어 우리에게 진짜 스트레스가 된다. 사람마다 자극에 대한 반응이 달라서 어떤 자극이 스트레스로 작용하느냐 그렇지 않으냐 하는 것은 지극히 개인적이고 주관적이다.

어떤 자극을 자기 인생에 유익한 방향으로 받아들이지 않고 생체에 해가 되는 스트레스로 받아들이면 여러 가지 정신적, 신체적 질병을 얻게 되므로 스트레스를 신선한 삶의 자극으로 전환할 수 있는 지혜와 태도가 필요하다.

사람들이 스트레스에 반응하는 방식은 두 가지 요인에 의해서 결정된다. 첫째, 삶을 바라보는 시각이다. 우리의 삶을 긍정적으로 보느냐 부정적으로 보느냐에 따라 스트레스가 될 수도 있고 그렇지 않을 수도 있다. 건강하고 긍정적인 생활습관을 가져야 하는데 부모들은 아이들이 무언가를 요구할 때 부정적으로 대답하는 경향이 강하다.

"엄마, 만화책 보고 싶어요. 한 권만 사주세요."
"공부는 할 생각은 안 하고 만화책은 무슨 만화책이야?"
"한 번도 사주신 적 없잖아요. 내 친구는 만화책이 얼마나 많은지 아세요?"
"잔소리 말고 공부나 해!"

이처럼 아이와 부모 사이에 부정적인 대화가 자주 이어진다. 그러나 다음과 같이 부모가 아이에게 긍정적인 반응을 한다면 아이의 반응도 긍정적으로 변할 것이다.

"엄마, 만화책 보고 싶어요. 한 권만 사 주세요."
"그래, 네가 읽고 싶다면 사줄게. 그런데 만화책도 재미있지만,

동화책도 재미있으니까 학교 공부 끝나고 시간 날 때 읽어보렴. 다 읽으면 만화책과 동화책에 어떤 내용이 담겨 있었는지 엄마에게도 이야기해 주고……."

"네, 엄마. 한 번 읽어보고, 다 읽고 난 다음에 이야기해 드릴게요."

"그래. 이야기도 해주고 몇 줄 간단히 써서 보여줄래?"

아이가 책을 읽고 난 다음 내용을 간단하게 쓰게 하고 이야기를 나누다 보면 아이는 올바른 독서 습관과 책에 대한 안목을 기를 수 있다. 읽고 쓰고 이야기해 보는 것은 국어 교육의 3대 원칙이다. 또 아이가 원하는 것을 바로 사 주기가 어려우면 다음과 같이 말해 보자.

"그래. 엄마가 사 주는 방향으로 생각해 볼게. 좀 기다려줘."

이렇게 말하면 아이의 공격적이고 부정적인 반응도 어느 정도 누그러뜨릴 수 있을 것이다.

둘째, 한 번에 얼마나 많은 스트레스를 받느냐이다. 한 번에 많은 양의 스트레스를 받으면 생체는 방어력이 약해져 여러 가지 병에 걸린다. 한 번에 받는 스트레스의 양은 될 수 있으면 줄이는 것이 좋다. 또 적은 양의 스트레스라도 계속 쌓아 두면 병이 되므로 즉시 해소하는 것이 좋다. 부모는 아이들이 공부를 미루지 않고 그날에 마무리할 수 있도록 도와야 한다. 이때 부모는 아이들이 할 수 없는 부분을 도와주는 보조자 역할만 해야 한다. 만약 부모가 강제로 공부를 주도하면 아이들은 결국 스트레스를 받는다.

스트레스가 우리 신체에 가해지면 우리의 뇌 고위중추가 일련의 방어 체제를 발동한다. 스트레스가 가해지면 우선 뇌 호르몬 센터가 자극을 받아 스테로이드 호르몬의 분비를 증가시킨다(그림 24). 스테로이드 호르몬은 대표적인 스트레스 호르몬으로 스트레스가 생길 때 이 호르몬이 분비되지 않으면 생체는 방어력이 약해져 위급한 상황에 놓인다. 또한, 장기간 지속한 스트레스 때문에 호르몬이 과도하게 분비되는 경우에도 해로운 작용들이 나타나 혈압이 상승하고 위궤양이 생기며 T임파구의 기능이 떨어져서 병에 걸린다.

스테로이드호르몬이 분비될 때 동시에 내인성 모르핀 마약인 엔도르핀과 엔케팔린도 증가한다. 엔도르핀이나 엔케팔린은 심한 육체적, 정신적 고통을 느낄 때 우리 뇌에서 유리되어 통증을 없애고 즐거움을 느끼게 한다. 그러나 스트레스가 지속할 때 엔도르핀 등이 지나치게 유리되어 면역 기능을 떨어뜨리고 감염이나 암을 발생시키거나 마약 중독에 이른 듯이 정신 장애를 일으킨다.

스트레스에 마지막으로 작동하는 방어 체계는 교감신경계이다. 스트레스가 교감신경계를 자극해서 흥분하면 아드레날린과 노르아드레날린이 유리되어 혈압과 맥박이 올라간다. 이런 상황이 오래되면 고혈압과 심장병 등이 생긴다.

스트레스를 오랫동안 받으면 체내의 방어 체계가 지나치게 작용해 여러 가지 질병을 일으킨다. 스트레스를 줄이려면 숲길을 산책하거나 취미생활을 통해 적극적이고 긍정적인 사고를 해야 한다. 지금 해야 할 일을 내일로 미루면 스트레스가 쌓이게 되므로 그날 해결해 두는

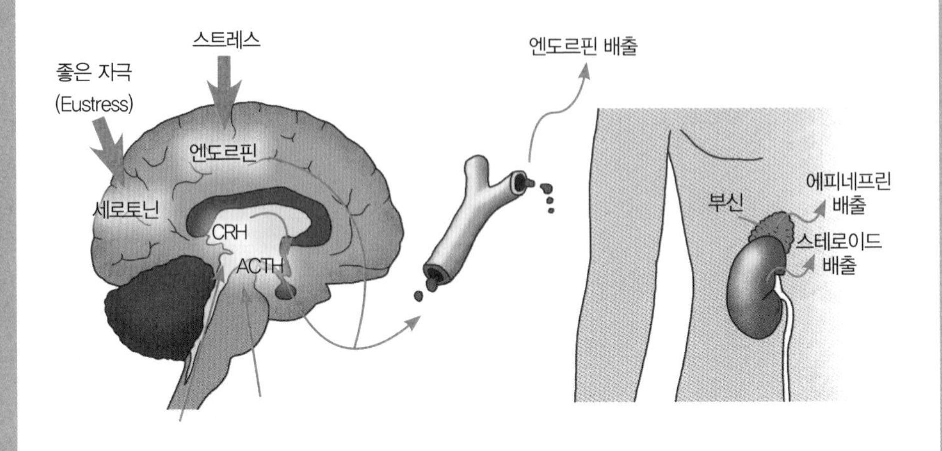

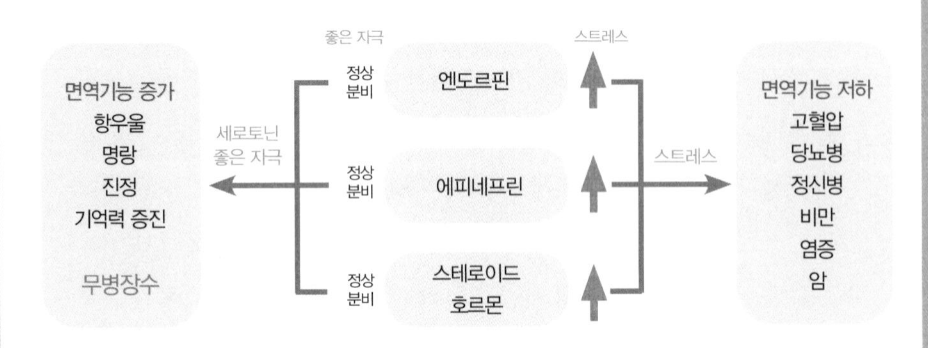

그림 24 스트레스 반응

좋은 자극(Eustress)은 자연(피톤치드, 음이온, 자연의 소리, 마이코박테리움 박케)에서 얻을 수 있으며 우울증 치료에 효과적인 '세로토닌'을 유리시켜 행복감을 준다.

것이 여러모로 바람직하다.

자기중심적인 이익 추구는 과도한 스트레스를 주므로 도움이 필요한 사람에게 즐거운 마음으로 베푸는 자세, 요행을 바라지 않는 성실한 자세, 외부의 어려움을 삶의 자극으로 받아들여 삶을 위해 필요한 에너지로 생각하는 자세, 일을 어렵다고 생각하지 않고 할 수 있다는 자신감을 느끼는 자세 등을 갖는 것이 좋다.

스트레스를 받지 않게 다른 사람과 접촉하는 것을 꺼리고 자기만의 성을 쌓은 채 안주하려는 사람은 오히려 더 많은 스트레스를 받는다. 이런 경우에는 대뇌 신경세포가 전체적으로 활성화되는 것이 아니라 억제중추만 활성화되어 여러 가지 질병이 생긴다. 현명한 사람은 해로운 스트레스를 오히려 에너지로 전환할 줄 아는 사람이다. 정신력과 생활자세, 성격을 변화시킴으로써 건강을 지키며 질병에 대항할 줄 아는 사람이 되도록 해야 한다.

『잡보장경(雜報藏經)』에 보면 '무재칠시(無財七施)'라는 말이 있다. 재산이나 돈이 없어도 일곱 가지 보시할 수 있다는 말이다. 부드러운 얼굴과 좋은 말씨로 사람을 대하고, 좋은 마음가짐을 가지고 눈빛을 좋게 하고, 부드럽고 고운 말로 가르침을 주며, 앉을 자리를 마련해 주고, 잠자리를 편안하고 깨끗이 해주라는 뜻을 담은 옛말이다.

이 말들은 스트레스를 많이 받는 현대인들과 학부모, 교사들이 귀담아들어야 할 말이다. 특히 학생을 자녀로 둔 부모들은 자녀를 대할 때나 가르칠 때 이 일곱 가지를 항상 실천하도록 노력해야 한다. 부모는 물론 자녀도 공부의 스트레스를 어느 정도 피할 수 있다.

뇌 신경세포는 수천억 개에 이르며 신경세포들 사이의 신경회로 연결 또한 천문학적인 수에 이른다. 신경세포들의 회로는 적절한 자극 때문에 활성화되고 새로운 회로도 계속 형성되지만, 이를 쓰지 않으면 그 기능은 사라져 버린다.

사람은 20세가 지나면 하루에 수만 개의 신경세포가 죽고 없어진다. 나이가 들면 대뇌 신경세포 수가 적어지고 기능이 떨어지기 때문에 생체에 가해지는 자극은 신경세포의 활성을 유지하는 데 필요하다. 좁은 도로라고 쓰지 않고 내버려 두면 이내 황폐해지지만 매일 갈고 닦으면 더 넓어지고 주행 속도도 개선되는 것과 같은 이치다. 생활 속에서 매일 접하는 새로운 자극과 어려움을 극복해서 더욱 나은 상황에 도달하려는 노력은 대뇌 신경세포에 적절한 자극이 되어 수많은 창조적인 신경회로를 활성화해 준다. 활성화된 신경회로는 생활에 활력을 불어넣어 주고 삶을 더 새롭고 창조적으로 변화시켜 준다.

한 가지 유명한 실례를 살펴보자. 핀란드의 유명한 국민 음악 대가인 시벨리우스는 조국의 독립을 위해 젊은 시절의 수많은 고난과 스트레스를 이겨내고 「핀란디아」라는 유명한 교향시를 작곡했다. 이 곡은 핀란드 국민들의 조국 혼에 불을 붙이고 조국의 독립에 이바지하였다. 조국이 독립하자 시벨리우스는 온 국민의 영웅으로 추앙받았고 핀란드 정부는 그에게 조용하고 경치 좋은 곳에 그림처럼 아름다운 집을 지어 주었다. 편안하고 안락한 생활 속에서 국민 의식을 고취하고 핀란드를 빛내 줄 음악을 작곡하는 데 전념하도록 배려한 것이다. 그러나 시벨리우스는 핀란드 국민들의 기대에도 불구하고 92세로 세상을 떠날 때까지 핀란드의 민족혼이 깃든 감명 깊은 작품을 끝내 창조하지 못했다. 풍요로운 생활 탓에 새로운 내일을 창조하려는 정신적 고뇌와 창조적 힘을 상실했기 때문이다. 다시 말해 젊은 시절과는 달리 강렬한 자극이 없는 상태에서 그의 대뇌 신경세포에서는 창조적인 활동이 더는 일어나지 않았다.

어려운 환경 속에서 일생을 외롭게 보냈던 뛰어난 음악가 베토벤은 감명 깊은 작품을 얼마나 많이 남겼는가? 만일 베토벤이 귀가 먹지 않았다면 그가 작곡한 불후의 명곡이 과연 이 세상에 나올 수 있었을까? 스트레스를 이기기 위한 적극적인 자세와 외부 자극에 대한 긍정적인 자세는 대뇌 신경세포 회로를 활성화해 주기 때문에 스트레스를 피하기보다 잘 이용해야 한다. 아이들이 긍정적이고 적극적인 자세를 갖게 하고, 조금이라도 문제가 있으면 아이와 함께 대화를 통해 마음속의 찌꺼기를 모두 없애도록 해줘야 한다.

위기에 대응할 수 있는 자세를 갖추지 않은 상태에서 과도한 스트레스에 갑자기 노출되면 우리 신체는 위기에 적절히 대응하지 못하고 쓰러지거나 병에 든다. 정신적 스트레스의 경우 신체적 질병뿐만 아니라 우울증과 같은 정신병까지 일으킨다. 건강한 신체에 건강한 마음이 깃들고, 건강한 마음에 건강한 신체가 유지된다는 말은 불변의 진리다. 따라서 우리 아이들이 자라는 가운데 스트레스로 인해 건강과 공부에 영향을 받지 않도록 부모가 먼저 긍정적인 자세로 아이들을 대해야겠다.

뇌 자극과 훈련은 두뇌 발달의 필수 에너지

아기의 한쪽 눈꺼풀 위에 생긴 염증과 눈꺼풀이 붓고 고름이 나오는 것을 치료하기 위해 거즈와 안대로 일주일 동안 한쪽 눈을 가리고 있었다. 그런데 이 아기는 학교에서 벌인 신체검사에서 특별한 이상이 발견되지 않았는데도 한쪽 눈의 시력이 많이 나빠져 있었다. 왜 그럴까? 어린 시절 염증이 생긴 눈을 치료하기 위해 한쪽 눈을 안대로 가린 것이 원인이었다.

태어난 후 6세까지는 뇌 뒤쪽에 있는 시각피질중추 신경세포가 양쪽 눈으로부터 시각 정보를 끊임없이 받으면서 성장하는데, 왼쪽 눈으로부터 오는 시각 정보는 좌뇌와 우뇌의 시각중추 신경세포를 절반씩 자극해서 성장시키며, 오른쪽 눈으로부터 오는 정보 역시 마찬가지이다. 그러나 이렇게 시각피질 중추 신경세포가 활발히 성장해야 할 시기에 한쪽 눈을 얼마 동안 가리면 그 눈의 시각 정보가 차단되어 시각피질중추 신경세포의 성장이 중지되면서 감수성이 사라진다. 게다가 경쟁이 없어지기 때문에 반대쪽 눈으로부터 들어오는 정보만이 양쪽 시각피질중추 신경세포를 자극하여 성장시킨다. 이후에 눈가리개를 제거하더라도 시각중추는 시각 정보를 잘 인식할 수 없어져 시력이 나빠진다.

성인은 한쪽 눈을 가린다 해도 크게 문제 되지 않는다. 예를 들어 성인이 한쪽 눈에 백내장이 생겨 한쪽 눈을 한동안 가린다 해도 시력을 잃지 않는다. 하지만 신생아의 한쪽 눈에 백내장이 생기면 시력을 잃을 수도 있으므로 빨리 제거해 해야만 한다.

사람은 두 눈 사이에서 시각피질을 지배하려는 경쟁이 6세까지 진행되기 때문에 이 시기에 두 눈을 가려서는 안 된다. 아이의 뇌는 어린 시절의 다양한 자극을 통해 성숙하고 발달하기 때문에 반복적인 자극보다는 적절하고 다양한 자극으로 다섯 가지 감각을 모두 활용하도록 교육해야 한다.

공부는 놀이처럼 재미있게 해야 잘된다 : 숲에서의 놀이는 기억력, 창의력을 증가시킨다

재미없고 딱딱한 책을 읽어 줄 때보다 재미있는 이야기책을 읽어 줄 때 양쪽 뇌가 더 활발하게 움직인다는 사실이 최근에 증명되었다. 재미있는 이야기를 들을 때는 아이들의 집중력이 올라가지만 재미없는 딱딱한 문장을 들을 때는 집중력이 흩어져서 뇌 일부분만 동원되기 때문이다. 이것은 '감정의 뇌'를 즐거움으로 만족하게 해주지 못하고 '이성의 뇌'만 억지로 받아들이라고 혹사해 교육 효과를 반감시키는 것과 같다. 아이들에게 재미있는 문장으로 살짝 바꾸거나 이해하기 쉬운 예를 들어가면서 흥미를 유도하고 주의를 한곳에 집중하도록 도와주는 편이 좋다. 한쪽 뇌뿐만이 아니라 전체 뇌 부위가 활발히 움직여서 양쪽 뇌가 서로 협력해 공부의 효율도 높아진다. 무엇보다 교육 내용을 재미있게 만드는 것이 중요하다.

오랫동안 진행된 연구 결과를 보면 뇌도 근육처럼 어떤 자극이나 좋은 경험이 주어질 때 성장하는 것으로 알려졌다. 뇌는 '가소성'을 가지고 있기 때문에 적절히 뇌를 사용하면 시냅스 회로가 발달하나 너무 많이 사용하거나 사용하지 않으면 회로가 사라진다. 신경세포도 근육처럼 커지는 것이다. 지난 20년 동안 버클리 대학교의 마크로젠츠위그 박사와 마리온 다이아몬드 박사가 유전적 소인을 조절할 수 있는 쥐를 관찰한 결과, 쥐는 임신 기간이 21일밖에 안 될 정도로 매우 짧고 매끄럽고 평평한 대뇌를 가지고 있어서 화학적인 연구와 해부학적인 연구를 하기에 알맞다고 보고하였다.

쥐를 세 조건으로 나누어 첫 번째 쥐는 장난감을 준 뒤 12마리의 쥐와 같이 지내게 했고, 두 번째 쥐는 장난감을 주지 않은 채 아주 제한된 공간에서 지내게 하였으며 세 번째 쥐는 보통 상태에서 지내게 하는 실험을 했다. 실험 결과, 장난감을 주고 마음껏 지내게 한 쥐의 뇌 무게가 약 10% 정도 증가한 것으로 나타났다. 다이아몬드 박사팀은 아주 늙은 쥐한테서도 같은 결과가 나오는지 알아보기 위해 아주 늙은 네 마리의 쥐를 여덟 마리의 젊은 쥐와 같이 생활하게 했다. 실험 결과 젊은 쥐와 같이 사는 늙은 쥐의 뇌 무게는 10% 정도 증가했지만 젊은 쥐의 뇌 무게에는 변화가 없었다.

뇌의 성장을 자세히 검토해 보면 신경세포의 성장은 주로 수상돌기에서 일어난다는 것을 알 수 있다. 즉 자극 때문에 수상돌기가 두꺼워지고 신경세포의 가지가 증가하여 두꺼워지면서 뇌가 더 커지는 것이다. 뇌 성장에는 음이온이 많은 신선한 공기[산 위, 폭포 근처, 바다]가 큰 도움이 된다. 음이온 제조기로 만든 음이온을 쥐에게 공급해 주면 뇌 무게가 증가하는 것처럼 이온들은 신경전달물질의 화학적 구성을 변화시킬 수 있으며 기분을 좋게도, 나쁘게도 할 수 있다. 산 위에 올라가 산들바람을 쐬면 아주 즐거운 기분이 들지만 센 바람을 맞으면 기분이 나빠지는 것도 바로 이 때문이다.

식물에서 나오는 피톤치드phytoncide, 식물 살균 성분는 스트레스 완화, 유해물질 중화작용과 항우울, 진정 작용, 심폐 기능 및 면역 기능을 증가시키는 효과가 있으므로 아이들과 함께 숲 속을 산책하는 것은 건강에 좋다. 자연의 흙 속에도 건강과 기억, 항우울에 좋은 마이코박테리움 박케가 있다. 칸트와 같은 철학자들이 네카 강변 숲 속 산책길인 '철학자의 길'을 걸으며 철학적 사색에 잠겼다는 이야기는 유명하다.

최근 미국 스탠퍼드 대학교 연구진은 앉아 있을 때보다 걸을 때 창의력이 높아진다고 보고했다. 철학자들이 숲 속 산책길을 걸으면서 명상에 잠기고 철학적 영감을 얻었다는 사실은 뇌과학적으로도 옳은 말이다. 우리 아이들을 딱딱하고 공기도 좋지 않은 삭막한 곳에서 공부만 시키지 말고 아이들을 숲이 우거진 자연에서 산책하고 놀면서 대화하고 공부하면 건강은 물론 뇌 발달에 유익하다. 또 자연 속에 있는 마이코박테리움 박케 등의 균들이 우리 몸에 들어와 면역체계를 자극하면 응급 상황에 대처하도록 면역계를 형성하는데 너무 강박적으로 깨끗하게 하면 균들이 없어져 질병에 쉽게 걸릴 수도 있다.

다이아몬드 박사팀의 실험을 보면 알 수 있듯 재미있는 방법을 동원하여 아이들을 가르치면 이들의 뇌 신경세포 가지가 왕성하게 자라 학습 효율성도 훨씬 올라간다. 신선한 야외 학습을 통해 어린 아이들의 뇌 성장에 도움을 주도록 하자. 야외 학습은 정서 함양에도 좋아서 일거양득의 효과를 거둘 수 있다.

책을 읽고, 써보는 것은 뇌 발달에 가장 좋다

부모들은 어린아이들에게 공부뿐만 아니라 이야기책까지도 억지로 읽게 한다. 하지만 아이들은 편안한 분위기 속에서 자유롭게 책을 읽으려고 하므로 부모와 마찰하는 경우가 종종 생긴다.

"우리 아이는 책을 건성으로 읽어요."
"우리 애는 매일 만화책만 봐요. 명작을 읽으라고 하면 엄마는 왜 재미없고 지루한 명작만 읽으라고 하냐며 대들어요."
"책을 읽다가도 주위에서 일어나는 일에 전부 참견해요. 집중력이 부족한가 봐요."

아이가 있는 부모라면 이런 문제로 한 번쯤은 고민해 보았을 것이다. 독서는 우리 뇌의 사고중추인 '이성의 뇌'를 계속 발달시키지만, 책을 멀리하고 TV만 보면 뇌가 별생각 없이 반응하기 때문에 사고중추는 위축되고 동물의 뇌인 감정중추만 발달한다. 이럴 때 아이들은 책을 권하는 부모에게 긍정적이지 않고 빈정대기에 십상이다.

아이가 책을 읽지 않을 때는 나름대로 이유가 있다. 책의 수준이 자기보다 높아서 재미를 못 느끼거나 주위 분위기가 산만하여 책을 읽을 수가 없기 때문이다. 독서 습관을 붙게 해주면 책을 손에서 놓지 않게 될 것이다. 독서 실력이 자기 또래의 다른 아이보다 낮다는 것은 어떻게 알 수 있을까? 책 읽기를 즐기지 않고 장난감이나 다른 물건을 사달라고 조르는 경우, 만화책을 나이에 비해 더 즐기는 경우, 공부하는 시간에 비해 성적이 좋지 않은 경우는 일단 의심해야 한다.

자신의 수준보다 높은 책을 보라고 하면 아이들은 재미없다며 책에 손을 잘 대지 않는다. 이런 경우에는 부모들이 책을 읽는 모습을 보여주면서 아이에게 취미를 붙이도록 해주는 것이 필요하다. 강요 대신 독서 분위기를 만들어 주면 자연스럽게 독서 습관을 지니게 된다. 또한, 독후감을 한두 장 정도 쓰라고 하면 읽기도 전에 스트레스를 받아 책 읽기를 주저하므로 한두 줄 정도로 가볍게 쓰거나 이야기하도록 유도하는 것이 좋다. 쓸 때와 말할 때 그리고 읽을 때마다 작동하는 뇌의 부위가 다르기 때문에 뇌 발달에 큰 도움이 된다.

독서 능력은 공부하는 데 중요한 기초가 된다. 어렸을 때부터 독서 능력을 튼튼하게 길러 주어 공부를 잘하는 아이, 더 나아가서는 교양인이나 지식인이 될 수 있도록 해야 한다.

02 건강한 정신으로 두뇌를 튼튼하게

아이 스스로 시간을 관리하게 하라

유대인 가정의 아이들은 저녁때가 되면 옷을 갈아입고 목욕을 마친 다음 아버지가 돌아오기를 기다려야 한다. 아버지가 돌아오면 가족 전원이 식탁에 둘러앉아 식사하기 때문이다. 유대인의 자녀들은 정해진 일을 정해진 시간 안에 마치도록 교육받는다. 그 예로 유대인 가정의 아이들은 어머니가 저녁에 촛불을 끄기 전까지는 숙제를 비롯한 모든 일을 마쳐야 한다. 아이들은 자신이 해야 할 일들을 정해진 시간 안에 해내는 습관을 자연스럽게 익히고, 주어진 시간을 스스로 최대한 활용하는 능력을 갖추게 된다.

반면 우리나라 부모들은 아이들이 오랜 시간 책상에 앉아 있으면 공부를 잘하는 것으로 생각한다. 가능하면 책상 앞에 앉혀 놓으려고만 하지 짧은 시간에 능률적으로 공부하는 방법을 가르쳐 주려고 하지 않는다. 이 때문에 아이들이 공부를 지겨워하는 부작용이 생긴다. 우리 부모들도 어릴 때부터 시간을 효과적으로 이용할 방법을 가르쳐 생활의 리듬을 잡아 주어야 한다. 예를 들어 식사는 30분 안에 마치도록 하고 30분이 지나면 식사가 끝나지 않았더라도 상을 치우도록 가르치는 것이 좋다. 이렇게 하면 아이는 30분이라는 시간의 귀중함을 알고 주어진 시간 안에 밥 먹는 습관을 지닌다. 밥을 먹으면서 텔레비전을 보는 가정이 많다. 그러면 세수하고, 밥 먹고, 옷을 갈아입는 등 일이 많은 아침에 텔레비전을 보면서 시간 가는 줄 모른다. 텔레비전에 주의를 빼앗겨 시간을 효과적으로 쓰지 못하는 것이다. 이런 생활 태도를 지양하고 어릴 때부터 시간 관리를 스스로 하도록 잘 유도해 주면 능률적인 학습법을 자연스럽게 익힐 수 있다.

지나친 꾸중이나 날카로운 비판은 금물 : 다른 아이와 비교하지 마라

부모들은 아이들이 말을 잘 듣지 않고 엉뚱한 짓을 하거나 공부를 못할 때 화를 내며 다른 아이와 비교한다.

"너는 네 친구보다 공부도 못하고, 엄마 말은 듣지도 않고, 커서 뭐가 되려고 그러니?"
'우리 아이는 왜 이럴까?'
'내가 하려는 일이 우리 아이에게는 아무 쓸모 없는 일일까?'

부모는 자신의 아이가 지닌 문제점을 있는 그대로 파악해서 바르게 해결하려는 자세를 가져야 한다. 세상에 있는 70억 인구는 모두 뇌가 다르다. 아이는 그 아이만의 특성을 지니고 있기 때문에 형제, 자매나 다른 아이와 비교하거나 평가하는 것은 정말 잘못된 것이다. 아이가 잘하는 점을 칭찬하고 발달시켜 주면 아이는 잘하는 분야에서 큰 성취를 이룰 수 있다는 것을 명심하자. 부모는 자신의 잣대로 아이들의 모든 것을 평가하고 아이의 행동을 모두 쓸데없는 일이라고 판단하거나 감정적으로 몰아세워서는 안 된다. 부모들의 잣대를 아이들의 잣대와 맞추지 않으면 언제나 문제점만 생기고 충돌만 있을 뿐이다. 이 세상에는 절대적으로 좋거나 절대적으로 나쁜 것으로 나누어지지 않는다는 것을 명심하자.

정신 심리학자인 프랑크 박사가 신경과민증에 걸린 1,000명의 환자를 대상으로 조사한 결과 대부분의 신경과민증 환자들은 남의 처지에서 보거나 남의 기준에서 보려고 하지 않고 한결같이 자기 입장이나 자기 눈으로만 남을 보기 때문에 모든 사람을 나쁘게 볼 뿐만 아니라 날카롭게 비판한다. 이러한 사람들은 다른 사람들의 좋은 점을 인정하려는 자세가 부족한 것이다.

자신이 보기에 틀린 일이 다른 사람이 보기에는 옳은 일도 있고, 현재 틀려 보이지만 나중에 옳은 것으로 판명되는 경우도 허다하다. 겉으로 좋아 보이지만 실제로는 좋지 않은 것이 얼마나 많이 있는가? 날카롭게 비판하지 말라고 해서 옳고 그름을 분별하지 말라는 것은 아니다. 다만 나의 입장과 나의 잣대로만 자녀를 몰아세우지 말라는 이야기다. 너무 날카롭게 비판하면 나중에 자녀로부터 똑같이 날카로운 비판을 받게 된다. 내가 너그러우면 상대도 나에게 너그러운 태도로 나온다는 사실을 명심하고 자녀의 처지에서 보도록 노력하는 자세가 필요하다. 아이가 잘하고 좋아하는 것에 초점을 맞추어 도와주는 것이 중요하다. 부모는 옆에서 도와주는 조력자이지 앞장서서 나가 아이의 앞길을 강제로 끌고 가는 주도자가 아님을 알아야 한다.

인생에서 참다운 승리를 가르쳐라

유명한 작가 빅토르 위고는 『레 미제라블』의 서문에서 다음과 같이 이야기했다.

오늘 내가 사는 목적은 싸우는 데 있다. 내일 사는 목적은 이기는 데 있다. 그리고 일생 동안 사는 목적은 잘 죽는 데 있다.

눈을 뜨고 이 세상에 나오는 순간부터 시작된 싸움과 경쟁은 죽는 순간까지 계속된다. 그러므로 인생은 싸움이다. 몸과 마음이 채 성숙하지 않은 아이들은 공부라는 싸움에 짓눌려 기진맥진해 있다. 쓰러지지 않는 한 이 싸움을 피할 방법은 없다. 인생에서 겪는 싸움은, 첫째는 이 세상과의 싸움이고, 둘째는 다른 사람과의 싸움이고, 셋째는 자기 자신과의 싸움이다. 이 싸움들이 피할 수 없는 것이라면 잘 싸워서 이기는 길이 최상이다. 이 세상과의 싸움에서 우리 인간은 먼저 거대한 자연에 과감히 맞서 싸워 숱한 좌절과

실패를 거듭하면서도 지금과 같은 문화와 과학의 열매를 맺었다. 또 이처럼 인간이 겪으며 지나온 싸움은 정치, 경제, 사회를 발전시키는 원동력이 되었다. 최선을 다하지도 않고, 원칙에 충실하지도 않으며, 눈에 보이는 겉치레만 따지는 자세로 싸워 얻은 승리는 순간으로 끝나 버리고 만다. 자기 자신과의 싸움에서 승리하지 않고는 진정한 승리자가 될 수 없기 때문에 이렇게 평생을 사는 사람은 결국 자신과의 싸움에서 패배할 것이다.

자신과의 싸움은 지식과 힘만으로 승리할 수 없다. 그러므로 인간만이 가지고 있고 발전시킬 수 있는 이성과 따뜻한 마음으로 승리할 수 있어야 한다. 수단과 방법을 가리지 않고 공부만 잘하는 것이 인생에서 승리하는 길이 아니라 이성을 갖추고 도리를 다하는 것이 다른 사람과의 싸움 그리고 자기 자신과의 싸움에서 최후의 승자가 되는 길이다.

감정 표현을 잘하는 아이가 똑똑하다

영화 「람보」에 나오는 강한 남자, 「다이하드」에서 지칠 줄 모르고 악당을 퇴치하는 남자, 초인적이지만 감정 표현을 잘하지 못하는 배트맨 등은 모두 아이들의 우상이다. 아이들은 영화를 보면서 '어떻게 하면 저 용감한 주인공처럼 맞아도 아프지 않고, 어려움에 부닥쳐도 죽지 않는 불사신이 될 수 있을까?'하고 바란다. 하지만 영화 속 히어로들은 감정 표현을 하는 인간이라기보다는 항상 강력한

힘만을 나타내는 로봇과 같아 어떤 면에서는 감정이 메말라 있다고 할 수 있다.

그렇다면 강력한 남자다움이 과연 두뇌 건강이나 신체 건강에 이로울까? 흔히 남성다움을 강조하는 부분은 두뇌보다 물리적인 힘을 많이 쓰고 감정을 억제하도록 만드는 내용이 대부분이다. 우리 부모들은 남자아이들에게 흔히 이런 말을 한다.

"남자는 잘 참아야 남자지."
"남자가 이런 일에 울거나 불평하면 안 돼."
"아파도 참고 힘들어도 불평하지 않아야 씩씩한 사내대장부지."

이렇게 남자아이에게 남자다움을 강조하면 남성 호르몬인 '테스토스테론'의 분비가 많아지는데, 이 테스토스테론은 좋은 측면도 있지만, 지나치면 심장질환을 일으키기도 한다. 버지니아 대학교 의대의 리처드 아이슬러 교수는 스트레스를 받았을 때 남성성을 강조해 이를 해소하지 못하고 속으로만 감정을 억제하면 심장질환이 유발될 수 있다고 지적했다.

대개 남자들은 평소에 느끼는 감정들을 말로 잘 표현하지 않고 속으로 삭이고 표현하는 것은 기껏 분노나 긴장 그리고 경직된 태도를 보이는 정도가 고작이다. 이는 잘못된 교육이므로 어려서부터 자신의 감정을 솔직하게 말하도록 훈련을 시키고 기회를 주는 것이 좋다.

부모들에게는 자녀들과 진솔한 대화를 나누는 시간이 많이 부족하다. 서로 감정을 주고받는 경우는 거의 없다. 자녀들과 감정을 나누는 일은 입시 교육 속에서 멍들어 가고 있는 아이들에게 꼭 필요하다. 아플 때 아프다고 이야기하고, 속상하고 화날 때 감정 표현을 할 수 있도록 교육하는 것이 중요하다.

딸은 아빠가 키워라

미국 밴더필트 대학교의 앨리스 박사팀은 가정 내 아버지와 딸의 원만한 관계가 딸의 사춘기 시작 시기를 결정하는 데 중요한 역할을 한다고 발표했다. 앨리스 박사팀은 '아버지와 좋은 관계에 있는 딸은 아버지의 페로몬에 노출되기 때문에 사춘기 시작이 늦어진다'고 결론 내렸다. 반면 아버지와의 관계가 좋지 않고 계부나 어머니의 남자친구 등 가정 내의 다른 성인 남성의 페로몬에 노출된 딸은 사춘기가 빨리 찾아오는 경향이 있다고 하였다. 페로몬설은 진화론가인 드레이퍼 박사와 하펜딩 박사가 처음으로 주장했다. 두 박사는 〈인류학회지〉에 발표한 보고에서 딸이 사춘기를 맞는 시기는 환경에 크게 좌우된다고 결론 내렸다.

원만한 가족관계는 두뇌와 호르몬계의 성장에 좋은 영향을 미쳐 알맞게 사춘기를 시작하지만, 그렇지 못한 가족환경은 뇌와 호르몬계를 자극해 사춘기를 일찍 시작하게 한다고 지적했다. 직장 생활에 바쁘더라도 아빠는 믿음과 사랑을 토대로 가족의 말을 경청하고 배려하는 자세가 보이도록 해야 한다.

03 성장기에 필요한 두뇌 훈련법

우뇌를 발달시키는 전뇌 훈련법

양쪽 뇌를 조화롭게 잘 이용하는 것이 한쪽 뇌만을 사용하는 것보다 훨씬 교육적 효과가 크다는 사실은 많은 사람이 알고 있다. 하지만 현행 교육은 주로 입시와 관련 있는 좌뇌의 기능과 특성을 발달시키는 내용으로 되어 있어서 많은 문제점을 안고 있다. 아이들이 공부를 잘하려면 양쪽 뇌를 모두 발달시킬 수 있도록 전뇌 교육을 해야 한다. 전뇌 개발을 위해 우뇌를 발달시키는 방법을 알아보자.

첫째, 좌우 신체를 균형적으로 사용한다. 즉 잘 쓰지 않는 쪽의 신체를 많이 사용하도록 노력한다. 90% 이상이 좌뇌를 주로 사용하는 오른손잡이이기 때문에 왼손을 자주 사용하면 우뇌가 발달한다.

둘째, 비논리적인 상상이나 공상 그리고 이미지 훈련을 자주 한다. 만화에서나 볼 수 있는 상상이나 공상을 논리적이지 않다고 무시하지 말고 현재의 지식을 뛰어넘을 수 있도록 항상 생각을 열어 두는 훈련을 한다. 운동경기, 학교 가는 길을 머릿속으로 그려보면서 이미지 훈련을 해보도록 한다. 성공했을 때, 만점 받았을 때의 이미지를 머릿속에 그려보고 '나는 잘할 수 있다', '나는 잘 풀 수 있다', '나는 머리가 좋다'는 긍정적 자기 암시 훈련을 꾸준히 한다.

셋째, 오감 훈련을 한다. 다른 사람과 이야기할 때 논리적인 것에만 신경 쓰지 말고 다른 사람의 감정과 사고방식을 느끼기 위해 상대방과 눈을 마주치며[시각], 목소리[청각]와 악수를 통해[촉각] 상대방의 기분이나 감정 상태를 파악하도록 한다. 그리고 사용하는 향수[후각]와 주문하는 음식을 보고[미각] 다른 사람의 성격이나 취향을 짐작해 본다. 주위에 있는 색, 공간, 향기 등에 주의를 기울이도록 한다.

넷째, 정서 함양 훈련이나 감정 극복 훈련을 한다. 분노나 고통 통제 훈련을 받은 아이들은 그렇지 않은 아이에 비해 폭력, 약물 중독, 임신 등의 청소년 비행을 적게 한다.

다섯째, 예체능에 시간을 투자한다. 현대 사회에서는 지식과 물질 만능주의가 팽배해 있어 정서적이고 감정적인 측면이 무시되고 있다. 이런 점을 보충하기 위해서는 우뇌가 주로 작동하는 예체능에 시간을 투자하도록 노력한다. 정상적인 그림 그리기 이외에도 '거울에 비친 그림 따라 그리기', '그림 거꾸로 놓고 그리기' 등을 해보면 우뇌가 이끄는 대로 각인된 이미지가 아닌 보이는 이미지대로 그릴 수 있게 된다.

학교에서도 입시와 관련 있는 주지 과목을 암기 위주로 교육하는 것보다 학생들이 예체능교육에도 폭넓게 접할 수 있도록 시간을 줘야 한다. 현재 학교에서 하는 예체능교육은 시험 위주의 암기 및 강제교육에 지나지 않는다. 그러므로 전뇌를 골고루 발달시키기 위해서는 학생 스스로 예체능에 흥미를 느끼고 몰두할 수 있게 시간을 주도록 한다. 이렇게 해야만 우뇌와 좌뇌가 골고루 발달해 명실상부한 전뇌 발달이 이루어질 수 있다.

여섯째, 우뇌 속독법 훈련을 해본다. 책을 처음 읽을 때 문장 하나 하나를 자세히 분석하면서 하지 말고 시선을 한 문단이나 한 페이지 중앙에 두고 우뇌를 사용해 내용을 통합적으로 빠르게 파악하는 독서 훈련을 해본다. 그런 다음 좌뇌를 이용해 천천히 내용을 분석하면서 읽어 보면 전뇌를 모두 사용하게 되어 독서를 더욱 효율적으로 하게 된다.

일곱째, 요리를 해본다. 요리는 오감[시·청·후·미·촉각]을 동원하여 우뇌를 훈련하는 좋은 자극법이다. 좌뇌를 이용하여 무슨 음식을 어떤 재료를 사용해서 어떤 순서로 해보는가를 머릿속에 그려보고 정리해 본다. 그런 다음 맛, 냄새, 모양, 감촉도 좋고 씹는 소리도 좋은 음식을 만든다면 오감이 잘 발달할 뿐만 아니라 우뇌도 잘 발달한다.

여덟째, 이미지 훈련, 공간인식 훈련, 패턴인식력 훈련을 해본다. 도형 접기 훈련, 동그라미·네모를 이용한 도형 창조 훈련을 해본다.

두뇌를 발달시키는 손 기술

인간이 앞발을 들고 두 다리로 걷게 되면서 두 손을 다른 용도로 사용하게 되었다. 사람은 손을 사용하여 헤아릴 수 없는 많은 일을 하게 되면서 두뇌가 발달하였다. 그 결과 찬란한 문명을 창조했다.

인간의 두 손은 뇌의 명령에 따라 각종 창조물을 쏟아내는 마법의 손, 예술의 손이 되면서 확실한 문명의 도구가 되었다. 하지만 때로는 범죄를 저지르는 악마의 손, 저주의 손이 되기도 했다. 신비로운 손의 움직임은 전두엽과 두정엽 사이를 분리하는 중앙 고랑인 중심구 바로 앞에 있다. 이 부위가 망가지면 고도의 정신활동이나 창조활동이 손을 통해 표현될 수 없다.

이 운동중추에는 신체 각 부분을 조절하는 많은 통제실이 있다. 운동중추에 있는 각각의 통제실의 크기는 근육 크기에 의해서가 아니라 운동의 정밀도와 복잡한 정도에 따라 정해진다. 즉 몸통을 지배하는 중추보다 손, 입, 혀 등 세밀하고 정교한 운동을 맡은 통제실이 훨씬 더 크다(그림 15). 이러한 이유로 인간은 손을 정교하게 움직여서 각종 창조물을 만들어내고 말을 통한 풍부한 표현으로 문화를 창조할 수 있게 되었다.

손을 지배하는 운동중추가 잘 발달한 사람은 손놀림이 민첩하고 정교해서 위대한 과학적 창조물이나 예술품을 만들어낼 수 있다. 반대로 손을 사용해서 정교한 일을 반복해 연습하면 운동중추를 발달시킬 수 있지만, 손 놀리는 일을 싫어하는 사람은 이 부위의 발달이 더딜 수밖에 없다. 뇌 일부가 중풍 등으로 마비된 환자도 손발 등을 자극하거나 운동시키는 물리요법을 하면 뇌가 자극되어 어느 정도는 회복시킬 수 있다. 따라서 어릴 때부터 장난감을 가지고 놀거나 조립하고 그림을 그리고 악기를 다루는 등 손을 열심히 사용할수록 뇌의 운동중추가 잘 발달하게 된다. '손이 부지런한 자는 축복을 받는다'는 평범한 사실을 인식하여 아이들을 가르칠 필요가 있다.

계획 습관은 공부의 뇌와 감정의 뇌를 동시에 발달시킨다

생활 수준이 높아짐에 따라 우리나라 사람들도 여가 활동에 많은 관심을 둔다. 아이들은 어느 여행지로 갈 것이며, 어떤 코스로 가서 어떻게 지내고 올 것인지는 전혀 모를 뿐만 아니라 어떤 말도 할 수 없다.

"아빠, 이번 여행계획은 제가 한번 세워 볼게요. 사진기도 제가 가지고 갈게요."
"안 돼. 계획 세울 시간 있으면 공부나 해. 쓸데없는 짓 하지 말고 공부만 생각해. 걱정 마, 아빠가 여행계획 다 세울 거야! 이게 얼마짜린데 네가 가져가니?"
"저도 계획 세울 수 있고 사진기도 잘 다룰 수 있어요. 제가 찍어 볼게요."
"네가 뭘 안다고. 이게 장난감인 줄 알아?"

많은 상황에서 부모들은 아이들의 의견이나 계획을 무시해 버린다.

"그래, 네가 한번 멋진 계획을 세워 볼래? 사진도 잘 찍어 보렴."

아이들에게 이렇게 대답해 보라! 그러면 그때부터 아이들의 태도는 싹 달라진다. 아이는 수동적인 자세에서 스스로 일을 거드는 적극적인 자세로 바뀐다. 안 된다는 대답을 들었을 때 아이의 뇌에서는 감정중추의 흥분이 일어나고 반항심이 생기지만, 아이에게 어느 정도 책임을 맡겼을 때는 공부의 뇌, 이성의 뇌가 활발히 움직여서 좋은 생각이나 개선점을 생각한다. 즉, '어디에 가서 어떻게 지내는 것이 가장 재미있고 유익할까?', '어떤 배경의 경치가 좋을까?', '구도를 어떻게 잡는 것이 좋을까?', '나를 믿고 맡긴 아빠를 실망하게 해 드리지 않기 위해서 어떤 행동을 하는 것이 좋을까?' 등 여러 가지 생각을 한다. 이 과정에서 아이들은 머리도 발달하고 여행도 즐거워져서 일거양득의 효과를 얻는다. 이제 우리나라 부모들도 아이들에게 일방적으로 강요하는 교육을 버리고 자발적으로 하도록 분위기를 만들어 주는 것이 좋겠다.

글쓰기는 생각을 정리해 준다

아이들이 마음에 들지 않는 행동을 했을 때 혹은 잘못했을 때 부모들은 우선 때리거나 꾸지람부터 한다. 앞에서 이야기한 바와 같이 때리거나 욕을 하면 뇌의 감정중추가 먼저 자극을 받는다. 감정중추로 들어온 자극이 위에 있는 이성의 뇌[공부의 뇌]까지 올라오면 아이들은 반성하거나 사려 깊은 행동을 하게 되는데, 반복해서 때리거나 야단을 치게 되면 이성의 뇌로 연결되는 회로가 잘 열리지 않고 감정의 뇌, 본능의 뇌가 과도하게 흥분해 그대로 하부 뇌에서 반사적으로 행동한다. 그러면 이러한 행동을 막으려면 어떻게 해야 할까?

우선 감정적인 반응을 자제하는 것이 좋다. 잘못된 행동을 보았을 때나 참을 수 없을 만큼 흥분했을 때라도 매로 때리거나 욕을 해서는 안 된다. 먼저 감정을 자제한 다음 아이에게 잘못한 행동을 글로 써오라고 이야기한다. 아이들은 혼날 것이라고 잔뜩 긴장하고 있다가 생각지도 못한 상황이 되면 여러 가지 생각을 한다. 이렇게 자신의 행동에 대해서 여러 가지 생각을 하다 보면 수많은 생각 중에서 최종적으로 걸러져 나오는 것이 있다. 그리고 이런 과정을 통하면 감정적으로 쉽게 내뱉을 수 있는 말도 일단 여과 과정을 통해 점잖은 말로 표현하고 차마 말하지 못했던 것들도 글로 표현하게 된다. 이런 상황에서 아이들은 이성의 뇌와 감정의 뇌를 총동원하여 이성적으로 생각하고 동시에 머리도 발달한다.

누구나 아인슈타인이 될 수 있다

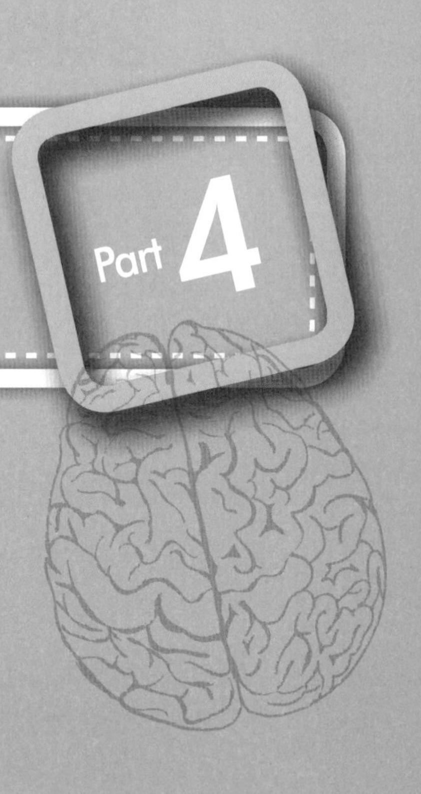

01 창의력이란 무엇인가

공상이나 엉뚱한 생각도 창의력이다

우리 부모는 자녀가 시험공부에 도움이 되지 않거나 조금이라도 관련 없는 행동을 보이면 화를 내거나 안절부절못하고 다그친다. 자녀가 일류 대학에 들어가는 것이 최고의 가치로 생각하여 입시 이외에는 어떤 것도 하지 못하게 한다. 그리고 자녀가 부모의 생각에 동의하기를 바라면서 다음과 같은 이야기를 자주 입에 올린다.

"우리 집 아이는 가끔 엉뚱한 소리를 잘해요."
"우리 집 아이는 하라는 공부는 안 하고 쓸데없는 생각만 해서 걱정이에요."

이는 잘못된 생각이다. 아인슈타인이 판에 박힌 암기 위주의 공부를 싫어하지 않았다면 상대성 원리를 발견할 수 있을까? 에디슨이 공상하지 않고 학교 공부에만 몰두했다면 그토록 많은 발명품을 만들어 낼 수 있었을까? 레오나르도 다 빈치가 500년 전에 꿈꿨던 비행기가 하늘을 오가며 세계를 연결하고 있다는 사실을 생각하면 결코 공상은 쓸데없는 일이 아니다.

이미 알고 있는 지식과 다른 비상식적인 방법으로 새로운 해결책을 만들어 우리 생활을 진보시키는 사고를 '창의력'이라고 한다. 다시 말해서 지금과는 다른 무엇을 새로이 시도하고 비범하면서도 흔히 볼 수 없는 엉뚱하기까지 한 결과를 낳는 지적 과정을 가리킨다. 창의력은 과학을 발전시킬 뿐만 아니라 인간만이 지닌 아주 귀중한 자산으로 문명의 발전을 위해 없어서는 안 된다.

다소 엉뚱해 보이는 것을 가치 있는 것으로 바꾸려는 아이의 태도를 인정하고 칭찬과 격려를 아끼지 않아야 한다. 창의력 계발은 아이를 영재로 키우기도 하지만 자칫하면 둔재로 만들 수 있다. 영재성 있는 아이에게 나타나는 특징인 풍부한 상상력을 적극적으로 자극해야 한다.

프랑스의 유명한 소설가인 발자크[1799~1850년]는 수도원 학교에서 어린 시절을 보내면서 괴롭고 외로운 현실을 잠시나마 잊으려고 종교, 철학, 역사, 자연 과학 등 여러 분야의 책을 읽었다. 발자크는 뒷날 "그렇게 정열을 쏟아 책을 읽으면서 책의 세계에 빠져들었고, 현실 생활에 대한 의식을 잃은 상태에서 공상의 세계로 몰입하게 되었다. 그런 공상이 없었다면 나는 결코 글을 쓰지 못했을 것이다."라고 회고하면서 공상의 중요성을 강조했다(그림 25).

우리 아이의 창의력은 과연 어느 정도일까?

아이가 창의성이 얼마나 있는지 정확히 알기란 쉽지 않다. 창의적인 아이라면 창의성을 더욱 살려 줄 필요가 있지만, 창의성이 떨어진다면 이를 길러 줘야 한다.

창의적인 아이는 질문을 많이 한다. 여러 가지 측면에서 호기심을 보이고 어른들이 생각할 때는 불필요해 보이는 질문도 많다. 창의적인 아이들은 이치를 따져 보는 것을 좋아해 한 가지 현상을 요모조모 살펴보고 다양한 질문을 하기도 한다. 또 틀에 박힌 규율을 싫어해서 어디를 가더라도 가만히 있지 않기 때문에 자연히 실수도 많이 한다. 쉬운 문제는 적당히 생각해 버리기 때문에 실수로 잘 틀리며 여기저기서 들은 것을 흉내 내다가 집기를 망가뜨려 야단을 맞기도 한다. 창의적인 아이들은 고정관념이나 틀을 벗어난 행동을 하므로 야단치거나 핀잔을 주기보다는 칭찬하고 격려해야 한다.

창의적인 아이는 어느 한 분야에서 충분히 인재나 영재가 될 수 있다. 입시 위주의 공부를 잘하기를 바라는 것보다는 아이가 지닌 창의성을 잘 살려 영재나 인재가 되도록 하는 것이 사회에도 이바지하는 길이다.

유명한 체코 작가인 카프카1883~1924년는 개인의 소질과 능력을 무시하는 학교 제도 안에서 모두가 똑같은 시험을 보는 것에 대해 비판했다(그림 25). 그는 학교란 구태의연한 가치관이나 뼈만 남은 지식을 전달하는 곳에 지나지 않는다고 생각했다. 개인 능력을 무시한 평등주의 교육이 강제적으로 조장되는 것을 비판했을 뿐만 아니라 학교와 가정에서 이루어지는 교육이 개인의 특성을 없애려고 하는 것이라고 주장했다. 인간의 개성과 특성이 존중되는 교육의 중요성을 역설한 것이다. 카프카의 주장을 귀담아듣고 개개인에게 알맞은 적성 교육과 영재교육을 할 필요가 있다.

창의력에 독이 되는 강제교육

부모들은 자녀가 공부하지 않고 다른 곳에 눈을 팔까 두려워 강제적으로 교육하고 있다. 부모들은 아침 일찍 자녀를 깨워서 서둘러 학교에 보내고, 이들이 학교에서 돌아오면 숨돌릴 틈도 주지 않고 학원을 순례시킨다. 학원 순례를 마치고 밤늦게 귀가한 아이들은 과중한 숙제에 시달린다. 잠깐 시간을 내어 컴퓨터를 하거나 텔레비전이라도 보려고 하면 야단맞기 일쑤다. 일과를 마친 아이들은 하루를 뒤돌아볼 여유도 없이 밤늦게 잠에 곯아떨어지고 만다. 다음 날 아침 학교에 가면 수면 부족으로 오전 내내 자며 오후에는 졸고 저녁에는 깨어나 학원으로 가서 조금은 맑은 정신으로 공부한다. 학원 교육이 더 효과적인 것으로 보이자 공교육은 붕괴하고 사교육이 판을 독차지하고 있다. 공교육은 갈수록 황폐해진다.

시험 문제를 하나라도 더 맞히는 것이 최대 목표로 여겨지는 현실에서 창의력 계발은 당연히 뒷전으로 밀린다. 아이들은 간섭받지 않고 마음대로 실컷 놀아 보는 것을 가장 큰 소원으로 꼽을 정도로 부모들의 강제교육에 몹시 지쳐 있다. 강제교육이 아이들의 지적 발달과 성공에 과연 얼마나 이바지하는지 다시 한 번 생각해 볼 필요가 있다.

아이는 공부 이외에 방을 청소하거나 이부자리를 정돈하는 등의 활동을 할 수가 없다. 부모가 모든 것을 다 해주기 때문이다. 부모의 말이 법이자 명령인 상황에서 아이는 부모가 하라는 대로 따를 뿐이다. 아이는 감정적 충족감도 느끼지 못하고 자발적 판단 능력도 생기지 않는다. 도덕이나 윤리 따위를 배울 시간도 없다.

아이 역시 인간이기 때문에 이런 일이 계속 반복되면 자신도 모르게 반항하고 부모의 말에 감정적으로 대항한다. 강제성을 띤 부모의 명령은 융통성과 창의력을 없애기 때문에 '창조의 뇌', '지성의 뇌'로 통하는 회로는 꽉 막혀 더는 열리지 않은 채 지칠 대로 지쳐 타 버린다. 오직 그 아래에 있는 '동물의 뇌', '감정의 뇌'만 자극받아 자신도 모르는 사이에 감정과 본능적 충족감을 갈구하는 사이 일부는 청소년 비행으로 나타난다. 그래서 술과 담배를 즐기고 폭력을 행사하며 자책감 없이 비이성적인 일을 하기도 한다(그림 21).

비행을 일삼는 아이들은 이미 '이성의 뇌', '창조의 뇌'가 제대로 작동하지 않으며 '본능의 뇌', '감정의 뇌'만 자극받아 발달한다. 악순환의 고리를 끊으려면, 무엇에 흥미를 느끼는지 파악해서 아이가 자발적으로 참여할 수 있는 교육을 생각해 봐야 한다. 그러고 나서 깊은 대화를 나누며 아이 스스로 생각하고 결정하도록 조언하면 된다.

처칠은 자서전에서 소년 시절에 겪었던 강제적인 학교 교육의 폐해를 다음과 같이 회고했다.

그림 25 프란츠 카프카 / 윈스턴 처칠 / 오노레 드 발자크

나는 학교에서 시키는 공부를 제대로 하지 않았다는 이유로 몽둥이로 맞는 등 여러 차례 잔혹한 벌을 받았다. 한번은 반항심을 참지 못해 교장 선생님의 모자를 짓밟아 버렸다. 나는 날이 갈수록 절망적인 사태가 되어 학교에 대한 증오심만 커졌다. 나는 학교가 정말로 싫었다. 학업 성적 같은 것에는 아무런 관심도 없었다. 어서 방학이 되어 지긋지긋한 학교에서 벗어나 부모 곁으로 돌아갈 수 있기만을 손꼽아 기다렸다.

처칠은 학교생활을 계속할 수 없을 만큼 최악의 상태가 되자 말도 더듬었다. 처칠의 부모는 아들이 육체적으로 폐인이 다 된 다음에서야 집으로 데려왔다. 하지만 처칠은 이 시기에 생긴 마음의 상처가 너무 커서 여러 차례 학교를 옮겨 다녔지만, 만년 낙제생은 벗어나지 못했다.

내 인생을 돌이켜 보면 나의 학창 시절은 불쾌한 시절이었을 뿐만 아니라 가장 쓸모없는 회색 빛깔의 시절이었다. 학교에 들어가기 전의 소년 시절은 공상의 나래를 마음껏 펼치던 시절이었는데 말이다.

아인슈타인 역시 강압적인 교육 방법은 배움의 즐거움, 학교생활의 즐거움, 탐구하는 즐거움을 없어지게 한다고 이야기했다.

관찰이나 배움의 즐거움은 무턱대고 위에서 내려오는 숙제나 연습장에서 생겨나는 것이 아니다. 건강한 맹수에게 배부를 때 먹이를 주면서 먹으라고 채찍질해 보았자 오히려 식욕을 떨어뜨릴 뿐이다.

획일적이고 강제적인 학교 교육의 맹점을 지적한 그는 싫어하는 과목은 공부하는 시늉조차 내지 않았다. 그럼에도 우리가 잘 아는 바와 같이 아인슈타인은 수학과 물리학에서 창의적 재능을 발휘해 과학 발전에 크게 공헌하였다.

높은 천장이 있는 교실에서 공부하면 창의력이 올라간다

소아마비 백신을 개발했던 미국의 조나스 솔크[1914~1995년] 박사는 백신 개발이 잘되지 않아 한참 고민하다가 머리를 식히려고 배낭을 지고 이탈리아로 떠났다. 유난히 천장이 높은 성당이 많았는데 미켈란젤로[1475~1564년]의 「천지 창조」가 그려진 시스티나 대성당의 천장을 보던 중 백신을 만들 아이디어가 떠올랐다. 미국으로 돌아와 혁신적인 연구를 진행하며 생명을 구할 수 있는 주사형 백신을 개발하는 데 성공했다. 솔크 박사의 노력 덕분에 1952년 이후 미국 내 소아마비는 크게 줄었다.

많은 독지가의 도움을 받아 연구소 건물을 신축하기로 하고 설계를 진행할 때였다. 솔크 박사는 사색할 공간이 있는 연구소를 지어달라며 특히 천장을 높게 해 달라고 건축가 루이스칸에게 부탁했다. 솔크 연구소는 바다를 바라볼 수 있고 아름다운 건물 배치와 높은 천장을 가진 건물로 유명해져 '죽기 전에 꼭 가봐야 할 건물 10선'의 하나로 꼽혔다.

천장 높이에 따라[2.4m, 2.7m, 3m일 때] 창의성이 어떤 영향을 받는지 연구한 사례가 있는데 천장 높이가 3m일 때 창의력이 가장 높게 발휘된다는 사실이 밝혀졌다. 건축 분야에서 뇌의 기능을 고려한 설계가 도입되었으며 뇌 연구자와 건축가가 함께 뇌 기능을 올려줄 수 있는 건축을 연구하는 '신경건축학[Neuroarchitecture]'이 새로이 등장했다.

한 연구 보고서를 살펴보면 수술실은 엄청난 집중력을 요구하기 때문에 '낮은 천장'이 좋지만, 회복실은 아픔에 집중하지 않고 통증을 쉽게 잊어버리도록 '높은 천장'이 좋다고 한다.

창의력이 필요한 학교 교실은 높은 천장이, 고도의 집중력이 필요한 도서관은 낮은 천장이 좋다. 천장이 낮은 교실이나 집에서 반복 학습을 하는 것보다 자연 속에서 산책하는 기회를 갖는 것이 좋다. 하늘이 천장인 자연 속에서 즐겁게 마음껏 뛰어놀게 하는 것이 귀중한 아이의 창의력을 높이는 길이다.

그림 26 **솔크 연구소**

자연 속에서 놀며 학습하고 산책하면 창의력이 올라간다

앞서 말한 것처럼 숲 속 나무에서 나오는 피톤치드phytoncide, 식물 살균 성분는 공부로 받은 스트레스를 낮추고 많은 유해물질을 중화시켜 뇌가 진정된다. 창의력과 기억력이 증진되는 것은 물론 심폐 기능을 올려주고 아토피를 예방하는 것으로 알려졌다. 침엽수에서는 대략 1ha당 4kg, 활엽수에서는 2kg의 피톤치드가 나오며 오전에 많이 나온다. 오후보다는 오전에 숲을 찾아가 놀이와 다양한 학습을 하는 것이 좋다는 뜻이다.

숲 속에서는 시냇물, 폭포, 나무 등지에서 음이온이 많이 나오고 시끄럽지 않은 조용한 자연의 소리 때문에 뇌는 빠르게 움직이는 β파가 아닌 느린 α파가 나와 정신과 자율신경계가 진정된다. 공부할 때는 뇌가 빠르게 움직여야 하므로 빠르게 움직이는 β파가 나와야 하고, 쉴 때는 뇌가 느리게 움직임으로 느리게 작동하는 α파가 나와야 한다. 공부할 때는 α파는 나올 수 없고 β파가 나오는데 눈 감고 공부를 멈추면 시각중추가 있는 후두엽에 자극이 없어져 느린 α파가 나온다(그림 20). 인위적인 기구를 써서 α파를 만들어 줄 수 없지만, 설령 가능하다고 해도 기기를 사용하는 것보다 자연 속에서 휴식을 취하며 공부하는 것이 뇌의 활력에 도움이 된다. 독일의 철학자 칸트, 헤겔 등이 숲 속 산책길인 '철학자의 길'을 걸으며 사색에 잠겼다는 일화는 널리 알려졌다.

창의적 사고는 앉아있을 때와 걸을 때 가운데 언제 더 잘 발휘될까?

최근 미국 스탠퍼드 대학교 연구진은 걸을 때가 앉아있을 때보다 창의적 사고가 더 활발하다고 보고했다. 연구 결과를 보더라도 철학자들이 숲 속 산책길을 걸으면서 명상에 잠기고 철학적인 영감을 얻었다는 사실이 뇌과학적으로도 바르다는 사실을 알 수 있다.

흙 속에는 독성이 없는 박테리아인 '마이코박테리움 박케'가 많이 서식하고 있다. 이 박테리아는 뇌로 들어가면 기억력을 높여 주는 반면 우울증을 줄여 주는 효과가 있다.

숲 속을 자주 산책하면서 학습하면 '피톤치드', '음이온', '마이코박테리움 박케'와 같은 이로운 물질이 뇌에 유익한 자극을 주고 창의력을 높여줄 뿐만 아니라 진정 작용, 항우울 작용, 면역 기능을 증강한다.

02 창의성을 길러주는 교육법

부모의 창의력이 아이의 창의력을 키운다

아이들은 접하고 배우는 모든 것이 새롭고 신기하여서 그 정체에 관하여 많은 질문을 한다. 문제는 어른들은 보통 귀찮다는 듯이 형식적으로 대답하거나 질문을 무시해 버리곤 한다.

"아빠 지구는 이렇게 평평하고 넓적한데 왜 둥글다고 해요? 둥글면 공처럼 굴러다니니까 우리도 굴러다녀야 하지 않아요?"
"학교에서 안 배웠니?"
"아직 안 배웠는데요?"
"지금 바쁘니까 나중에 가르쳐 줄게. 그리고 학교에서 나중에 배우니까 그때 자연히 알게 된다."

이런 식으로 부모들은 창의성을 유발하는 자녀의 호기심을 쉽게 무시하는 경우가 흔하다. 그러면서도 밖에 나가서는 우리나라 교육이 창의적이지 못해서 큰일이라고 이야기한다. 어찌 보면 교육이 창의적이지 못한 것보다 부모 자신이 창의적이지 못해서 아이들의 창의력이 자꾸 없어지는 것이다.

창의력은 대뇌의 맨 위 바깥 껍질인 피질, 즉 연상 영역(이성의 뇌)에서 나온다. 몰려든 호기심을 풀기 위해 머리를 쓰면 연상영역에 있는 신경세포들은 매듭을 풀고 왕성하게 서로 연결하며 활동한다. 또 원래 있던 회로가 강해지는 동시에 수많은 회로가 새로 생겨나기도 한다. 그러나 호기심이 끊기면 대뇌의 연상 영역에 있던 회로들이 막혀 더는 올라가지 못하고 반사되어 하부 뇌(동물의 뇌, 감정의 뇌, 단순 기억의 뇌)의 기능을 발달시킨다.

호기심과 질문이 무시당하여 감정적 반발이 거세지고 배운 내용을 단순한 기억으로 저장하면 창의력이 없어지는 것은 뻔하다. 우리나라 교육의 맹점이 바로 여기에 있다. 창의적인 부모 밑에서 창의적인 아이가 자라고, 창의적인 교사 아래에서 창의적인 학생이 배출된다는 사실을 명심하고 올바른 교육이 무엇인지 고민하고 실천해야 할 것이다.

창의력을 키워 주는 동화책

옛날 할머니나 어머니들은 아이를 품에 안고 다독거리면서 재미난 '옛날 이야기'를 하나씩 들려주었다. 아이는 품 안에서 심장 박동을 느끼면서 다정한 목소리로 들려주는 '옛날 이야기'에 상상의 나래를 펼친다. 아이는 이렇게 할머니의 사랑과 어머니의 사랑을 확인한다.

어린 시절 잠자리에서 할머니나 어머니의 팔을 베고 들었던 동화는 먼 훗날에도 유난히 생생하게 기억된다.

아쉽게도 최근에는 텔레비전이나 인터넷이 안방 깊숙이 자리하고 있어서 '할머니표 · 어머니표 옛날 이야기'는 자취를 감췄다. 할머니와 어머니가 들려주는 옛날 이야기는 잃어버렸지만, 다행히 동화책을 통해 아이들에게 가르침을 줄 수 있고 상상력을 키워 줄 수 있다. 동화책 속 주인공들은 시간과 공간을 자유롭게 넘나들면서 행동한다. 무한한 우주를 날기도 하고, 미지의 땅속에서 몇백 년 잠들었다가 깨어나기도 한다. 시공을 초월한 판타지 세계는 아이들에게 무한한 상상력을 키워 주며 창조성으로 이어지게 한다. 또 동화 속 세계는 대뇌피질의 연상 영역에 있는 '창조의 뇌'와 '이성의 뇌'에 영향을 끼쳐 회로를 활발히 움직이고 발전하게 한다.

아이에게 동화책을 쥐여주면서 '꿈은 현실과 다르며 이런 일은 동화책에서나 있을 뿐'이라고 이야기하면 아이의 상상력은 더는 풍부해질 수 없다. 영화 「42번가의 기적」에서처럼 아름다운 상상력을 깨트리지 않으려고 산타클로스 할아버지가 실제로 존재한다는 것을 밝히는데 여러 사람이 피나는 노력을 한 것도 모두 이러한 이유에서다.

동화는 주인공이 집을 떠나 낯선 곳에서 겪는 고생과 모험을 통해 무엇인가를 성취하고 행복해진다는 공통점을 갖고 있다. 이러한 줄거리는 아이에게 고생과 모험의 필요성을 일깨워 주고 나아가서는 성취에 대한 희망을 품게 해준다. 부모들은 모험과 고생의 필요성과 그로부터 얻는 성취의 역할을 아이들에게 인식시켜주는 것이 좋다.

창의력 훈련

창의력은 노력과 고통 없이 저절로 생겨나지 않는다. 창의적인 아이라도 창의적인 힘을 길러 주지 않으면 창의력은 소멸하고 만다. 그러면 어떻게 해야 창의력을 계발시켜 줄 수 있을까?

첫째, 아이라 어떤 문제에 관해 마음대로 생각해 보고 자유롭게 이야기할 수 있도록 한다. 즉, 어떤 생각이 드는지 떠오르는 대로 자유롭게 말하게 함으로써 '창조의 뇌' 속에 있는 수많은 신경회로를 활짝 열어 준다. 풍부한 아이디어가 나올 수 있게 평소 여러 분야에 관심을 두도록 북돋워 주고 그런 환경을 마련해 준다.

둘째, 생각나는 대로 이야기한 아이디어에 대해 이러쿵저러쿵 비판해서는 안 된다. 또 아이의 생각을 편견 없이 받아들여야 한다. 사리에 맞지 않는다거나 허무맹랑하다는 식으로 아이에게 비판하면 아이의 대뇌 신경회로는 순식간에 억제되면서 사고의 흐름이 중단되어 창조성을 발휘하지 못한다. 창의력의 가치를 인식하고 높게 평가해 아이가 능동적으로 학습에 임하도록 격려한다.

셋째, 발표한 아이디어를 점차 나아지게 발전시키거나 다시 조합하게 시킨다. 이렇게 하면 아이는 자신이 발표한 아이디어를 고치거나 다시 조합하면서 스스로 비판력을 키운다. 앞서 발표한 생각을 여러 가지 지식이나 정보와 비교하거나 비판하면서 대뇌 신경회로는 더욱 발전하게 하므로 아이에게 충분한 자료와 시간을 주는 것이 좋다.

넷째, 목록SCAMPER을 이용해 다음과 같이 변형시키는 연습을 하게 하면 창의력은 더욱 발전하게 된다.

S(Substitute 대체하기): 무엇으로 이 아이디어를 바꿀 수 있는가?
C(Combine 결합하기): 이 아이디어에 무엇을 결합시킬 수 있나?
A(Adapt 적용하기): 조건에 맞도록 어떻게 이 아이디어를 바꿀 수 있나?
M(Modify 변형하기): 확대하거나 축소해서 어떻게 이 아이디어를 변형시킬 수 있는가?
P(Put to other uses 다른 용도로 사용하기): 다른 용도로 어떻게 사용할 수 있나?
E(Eliminate 없애기): 이 아이디어에서 무엇을 삭제할 수 있나?
R(Reverse 거꾸로 하기): 이 아이디어를 역으로 만들 수 있나?

영어의 머리글자를 따서 만든 스캠퍼SCAMPER를 이용하여 아이디어를 다양하게 변화시키는 훈련을 하면 신경회로가 활발히 움직여 '창조의 뇌'와 '지성의 뇌'가 발전하고 창의력이 자라게 된다.

Part 5

아이 뇌를 좋아지게 하는 음식이 있다

01 아침밥으로 몸도 튼튼

아침 식사를 거르면?

아침 식사를 거르면 두뇌에 안 좋은 영향을 미친다는 것은 굳이 의학적으로 설명하지 않더라도 널리 알려진 사실이다. 아침 식사가 두뇌에 미치는 영향을 살펴보면 더욱 빨리 수긍할 것이다.

하루에 정신 활동, 즉 뇌를 움직이는데 에너지가 얼마나 필요할까? 정신 활동의 정도에 따라서 다르지만 대개 하루에 약 400kcal 정도 된다. 이는 뇌가 얼마나 많은 일을 하고 있는지를 알려주는 수치이다. 뇌 신경세포의 수가 1,000억 개이고, 시냅스 회로의 수가 1,000조에서 1만 조 개에 이르기 때문에 이를 활성화해서 뇌 활동을 하는 데는 당연히 많은 에너지가 필요하다.

밥을 먹지 않고 일할 때 손발에 힘이 빠져 일이 잘 안되는 것은 물론 에너지 부족으로 뇌 신경세포의 기능이 일시적으로 마비되어 정신을 잃고 쓰러지는 경우도 있다. 잠을 자면 전반적으로 에너지 소모가 적긴 하지만, 뇌를 비롯한 신체의 각 장기는 계속 활발한 신진대사를 하면서 에너지를 소모한다.

많은 뇌 신경세포를 움직이는 에너지원은 밥의 주성분인 포도당이고, 단백질과 지방은 신경전달물질을 만드는 원료가 된다. 하루를 시작하는 아침에 적절한 당과 단백질, 지방을 섭취하여 각종 신경전달물질을 만들어 대비해 놓아야 종일 뇌의 활동이 극대화되고 건강을 유지할 수 있다. 격무에 시달리는 직장인이나 공부하는 학생은 하루를 시작하는 아침밥을 거르지 않는 것이 좋다.

요즘 '시간이 없다', '식욕이 없다'는 등 여러 이유로 아침밥을 먹지 않고 그냥 나가는 사람들이 늘고 있다. 질병관리본부가 발표한 국민건강 영양조사를 보면, 응답자의 약 22%가 아침 식사를 거르는 것으로 나타났다. 아침 결식률은 20대가 42.5%로 가장 높았고, 10대가 30.2%, 30~40대가 22.7%, 6~11세는 11.4%로 나타났다. 문제는 두뇌 활동이 왕성한 청소년기와 20대~40대가 아침을 안 먹는 경우가 많다는 것이다.

이번 조사에서 하루에 한 끼라도 결식하는 사람은 탄수화물, 단백질, 지방, 칼슘, 철, 비타민 등 필수 영양소 섭취율이 세끼를 다 먹는 사람보다 2.5배 정도 부족한 것으로 나타났다. 아침을 거르고 점심까지 이어지는 장시간의 공복은 우리의 신체, 특히 두뇌에 큰 부담이 된다. 직장인, 수험생들을 포함한 상당수의 사람이 아침밥을 거르고 점심도 간단히 해결한다. 이런 식습관이 오래가면 당연히 건강에 좋지 않은 영향을 미친다.

아침밥을 꼭 먹어야만 하는 이유

아침밥을 꼭 먹어야 하는 이유를 열거해 보겠다.

첫째, 아침밥을 거르면 에너지가 부족해져 우리 신체의 활동 준비가 불충분해진다. 포도당을 가장 많이 필요로 하는 뇌 활동이 떨어져서 지적 활동이 둔해질 수밖에 없다. 사람은 수면 중에 체온이 1℃ 정도 내려가는데, 체온이 떨어지면 뇌 활동도 떨어진다. 오전에 뇌 활동을 최고조로 끌어올리기 위해서는 수면 중에 떨어진 체온을 올려 줘야 한다. 이렇게 신체를 워밍업 해주는 것이 아침밥이다. 한 조사에서 일본의 초등학생들 가운데 아침밥을 거르는 학생의 약 70%가 체온이 35℃ 정도에 머물렀다. '저체온 증후군'이 문제가 된 일본에서는 '아침밥 먹기 운동'이 전개되고 있다.

둘째, 아침밥을 먹지 않으면 오전 내내 호르몬 중추인 뇌하수체 바로 위에 있는 시상하부 속의 식욕 중추가 흥분하게 된다. 또 옆에 있는 감정 중추도 덩달아 흥분해 정서가 불안해진다. 흥분을 가라앉히기 위해서는 혈당을 높여줄 필요가 있다. 즉 아침밥으로 먹는 탄수화물은 혈당량을 높여 생리적으로 안정 상태가 유지되고 편안한 마음으로 공부할 수 있게 돕는다.

셋째, 음식물로 에너지를 만들고 대사활동을 촉진하는 부신피질 스테로이드 호르몬은 식사할 때 조금씩 나온다. 그러나 식사 습관이 불규칙하거나 불규칙하게 간식을 먹는 학생들은 그때마다 부신호르몬이 분비되어 신체 리듬이 깨지고 정서적으로도 불안정해진다.

넷째, 아침을 거르고 점심도 간단히 먹는 사람들은 대개 저녁에 과식한다. 활동을 별로 하지 않는 저녁 시간에 과식하면 지방이나 탄수화물과 같은 영양소를 축적하게 해 비만을 초래한다. 반면 아침이나 낮 동안에는 축적 가능한 영양분이 활동에 필요한 에너지로 소모되기 때문에 체내에 쌓이는 일이 적다.

특히 한창 성장기에 있는 청소년이나 육체 및 정신노동자들은 에너지 소비가 매우 많으므로 균형 있는 아침 식사가 꼭 필요하다. 다만 비만 위험이 큰 사람은 탄수화물이나 지방 위주의 식단보다는 과일, 채소, 우유 등으로 필요한 영양을 공급하고 공복감을 해소하면서 신체 활동을 도와주는 것이 좋다.

최근 미국 미네소타 대학교 연구진이 5년에 걸쳐 15세 이하 청소년 2,215명을 대상으로 식습관, 몸무게와 기타 생활 스타일을 추적하고 조사한 결과, 규칙적인 아침 식사를 하는 10대들의 체질량 지수가 그렇지 않은 청소년에 비해 더 낮았으며 몸무게가 약 2.3㎏ 정도 적은 것으로 나왔다. 대학 연구진들은 "아침을 먹으면 하루 동안 식욕을 통제할 수 있어서 점심이나 저녁때 과식을 피할 수 있어 과체중을 방지할 수 있으며 더 건강한 삶을 영위할 수 있다"고 설명했다.

매사추세츠 병원의 머피 박사는 소아과 전문지에 발표한 연구 보고서를 통해 학교의 조식 프로그램에 참가한 초등학생 133명이 전반적으로 성적이 좋아진 것으로 나타났다고 소개했다. 그는 아침밥을 먹는 초등학생들의 출석률과 수학 점수가 개선되었다고 언급했다. 두뇌를 많이 사용하는 학생들은 아침 식사를 꼭 해야 할 뿐만 아니라 규칙적인 식사 습관을 갖는 것이 좋다.

또 미국 캘리포니아에서 시민의 생활 습관을 조사하여 아침 식사를 매일 하는 사람들이 하지 않은 사람보다 지적 활동이 왕성하고 오래 산다는 보고를 내놓았다. 어릴 때의 영양 상태와 좋은 습관이 중요한 것과 마찬가지로 아침에 꼭 식사하여 슬기롭게 하루를 준비하는 것이 매우 중요하다.

02 고른 영양소로 뇌가 튼튼

뇌의 에너지원 당, 신경전달물질 원료 단백질

신경세포의 회로^시냅스^ 말단부에는 신경전달물질을 만드는 공장이 있다. 이 공장에서 신경전달물질을 만들려면 원료가 있어야 하고 시간이 필요하다. 원료는 먹는 음식을 통해서 얻을 수 있고, 휴식과 잠자는 시간을 활용해 공장이 움직인다. 즉, 뇌 기능을 담당하는 신경전달물질을 잘 만들려면 음식을 고르게 잘 먹어야 하고 충분한 휴식 시간과 수면을 확보해야 한다.

탄수화물과 단백질 그리고 지방의 기본 영양소와 각종 비타민, 칼슘 및 철분 등의 금속 이온들은 신경전달물질의 합성과 대사에 필수적이다. 영양소가 부족해지면 신경전달물질 합성이 적어져서 뇌 기능이 떨어지고 기억력 감퇴, 우울증, 운동 및 감각 기능의 저하, 신경염 등을 앓는다. 반면 지나치게 신경전달물질들이 유리되면 다량의 정보 전달로 인해 조현병^과거에 사용된 정신분열병을 가리킴^이 생기는 것으로 알려졌다.

심각한 영양실조는 뇌 성장에도 장애를 미쳐 정상보다 더 작은 뇌가 만들어질 수 있으며 심한 기능 저하를 가져올 수 있다. 뇌 신경세포는 스스로 세포를 만들어낼 수 없으나 영양을 공급해주고 적절히 잘 쓰면 근육처럼 자라서 회로를 치밀하고 넓게 만들어 정보

전달이 잘 일어나게 한다. 이런 의미에서 적절한 영양 공급은 뇌 기능에 필수적이다.

탄수화물은 뇌가 움직이는 데 필요한 유일한 에너지원이다. 근육이 움직이는 데는 3대 영양소인 탄수화물, 단백질, 지방이 모두 사용되지만, 뇌는 탄수화물, 즉 포도당만이 사용한다. 당뇨병 환자가 인슐린 주사를 과도하게 맞으면 저혈당이 나타나 의식을 잃고 쓰러진다. 물론 과도한 당분 섭취는 당뇨병 등의 성인병을 일으켜 좋지 않지만, 적절한 당분 섭취는 뇌 건강의 유지에 매우 중요하다.

단백질은 신경전달물질을 만드는 원료가 되는데 지방과 함께 세포막을 구성한다. 적절한 단백질은 신경전달물질 제조에 필수이므로 섭취하는 데 부족함이 없어야 한다. 단백질을 구성하는 아미노산 중 티로신은 고위 정신 작용, 쾌락, 운동, 혈압, 호흡 조절 등에 필수적인 도파민, 노르에피네프린, 에피네프린 합성의 원료이다. 트립토판은 우울증을 포함한 정서, 수면과 폭력성 조절 등에 중요한 역할을 하는 세로토닌 합성의 주원료이다.

지방은 뇌 건강 유지에 필수

지방은 세포막의 구성 성분으로써 신경세포막의 정상 기능을 유지하는 필수 성분일 뿐만 아니라 일부 신경전달물질과 신호전달물질을 만드는 데 없어서는 안 되는 영양분이다. 신체의 장기 가운데 뇌만큼 지방을 많이 함유한 장기는 없다. 그만큼 신경 전달이나 신호

전달에는 지방이 중요하다. 지방은 단순한 세포막의 구성성분이 아니라 신경 기능의 핵심이다. '이노시톨 인지질'은 신경세포를 포함한 거의 모든 세포의 신호 전달에 핵심적인 역할을 맡고 있다. 한 신경세포에서 다른 신경세포로 어떤 신호가 전달될 때 인지질이 중요한 역할을 하는데 이것이 부족하면 세포가 성장하고 교신하는 데 지장 받는다.

그동안 지방이 고지혈증, 동맥경화증, 고혈압, 허혈성 심장질환의 주범으로 지목되어 무조건 피하는 경향이 많았다. 하지만 지방 소비량이 증가할수록 사망률이 떨어진다는 보고도 많다. 국민 건강 영양 조사 자료를 분석한 결과, 우리나라 사람들의 에너지원은 탄수화물이 67%, 지방이 18.4%, 단백질이 14.7%로 나타났다. 하루 섭취 필요량은 남자가 92%, 여자가 82.9%로 필요 에너지양보다 약간 적었다. 비만, 고지혈증 등을 가진 사람을 제외하고는 지방을 무작정 줄여서는 안 된다. 사회 이슈로 떠올랐던 트랜스 지방은 액체 상태 기름을 고체 상태로 만들 때 많이 만들어지는 것으로 이를 줄이고 자연 지방을 먹는 것이 좋다.

뇌에 좋은 성분 항산화 비타민 : 권장량 정도 섭취로 충분

산소는 생명체가 살아가는 데 없어서는 안 될 필수 인자다. 산소가 부족하면 신체 세포는 호흡할 수 없어서 대사가 일어나지 않아

서서히 죽어간다. 고마운 산소도 너무 과하면 조직 세포에 독으로 작용해 세포의 죽음을 촉진한다. 일산화탄소[예컨대 연탄가스] 중독 시 산소를 공급하려고 환자를 고압의 산소에 갑자기 오래 노출하면 특히 뇌세포에 악영향을 미칠 수 있다. 심장 혈관이나 뇌혈관이 막혔을 때 갑자기 막힌 부위를 뚫리게 해 혈류 순환을 증가시키면 산소가 부족한 부위에 손상을 가할 수 있다. 이러한 독성은 대사 중에 생성된 유리[활성]산소기 때문에 생기는 것으로 알려졌다. 유리산소기는 조직 세포의 독이라고 할 수 있다. 유리산소기가 과도하게 발생하면 조직 세포가 늙고, 암을 유발하며, 각종 퇴행성 질환이 생긴다는 주장이 유력하게 받아들여지고 있다. 유리산소기의 생성을 억제하는 물질을 '항산화 물질'이라고 부른다. 멜라토닌과 비타민 A[베타카로틴], C, E가 대표적인 항산화제로 알려졌는데 비타민 A, C, E를 합쳐 'ACE 비타민'이라고 한다.

국제 영양학회가 추천하는 비타민 C의 권장량은 하루 100mg 정도이다. 최근 비타민 C를 가득 넣은 음료를 마시는 사람이 많아졌다. 비타민 C의 고용량에 대해 암, 고혈압, 심장병 등에 좋다는 의견과 별다른 효과가 없고 백내장, 결석 등의 부작용이 있다는 반대 의견으로 대립하고 있다.

현재로서는 확실한 결론이 없으므로 비타민은 권장량을 섭취하되 음식물을 통하는 것이 좋다. 확실한 과학적 증거도 없이 비타민을 고용량으로 먹는 것은 화를 불러올 수 있다. 물도 적절한 양을 먹으면 생명수이지만 너무 많이 먹으면 생명을 앗아가는 독수가 되는 것처럼 적절한 권장량을 먹는 것이 생명을 지키는 지름길이다.

DHA, BT-11의 두뇌 효과

두뇌에 좋다고 알려진 DHA는 불포화 지방산의 한 종류로 등푸른 생선에 많이 들어 있다. 물고기나 조개류를 제외한 쇠고기, 돼지고기 등 육상동물에는 거의 발견되지 않는다. 물속 동물성 플랑크톤이 알파리놀렌산[DHA의 전신 물질]을 많이 가진 식물성 플랑크톤을 먹고 DHA를 합성하는데, 물고기는 동물성 플랑크톤을 먹이로 이용하기 때문에 유난히 많이 갖고 있다. 영국의 크로포드[Crawford] 박사에 의하면 DHA는 인간 뇌 조직의 지방세포에 약 10%쯤 있고 단백질 대사와 합성에 관계하는 소포체 막에 많이 있는데 치매 환자의 뇌에서는 그 양이 현저하게 줄어든다고 했다. 또 DHA가 부족하면 태아의 두뇌 발육이 늦어지기 때문에 미숙아의 뇌에서는 DHA양이 적다고 했다.

그런데 DHA가 기억력을 증진한다는 보고와 그렇지 않다는 보고가 있기 때문에 DHA가 기억력과 뇌에 좋다고 단정 지을 수 없다.

DHA는 또한 불포화 지방산의 하나로 콜레스테롤을 낮추고, 혈전을 방지해 각종 성인병을 예방한다. 항혈전 효과로 뇌 혈류의 흐름을 원활하게 해줘 중풍과 혈관성 치매 예방 효과가 있다는 말이다. DHA는 뇌세포에 많이 포함되어 있어 장애를 일으킬 만큼 결핍된 경우는 임상 연구로 보고된 바가 없다. DHA가 정상인이나 치매 환자의 인지 기능에 영향을 미치지 않는다는 보고도 있다.

최근 저자 연구실에서는 천연물 한약인 원지 추출물에서 활성 성분인 BT-11을 추출하고 분리하였다. 이 성분을 임상 실험을 통해 기억력 증진, 스트레스 방어, 신경세포를 죽인다고 알려진 아밀로이드 베타와 C단 단백질의 생성 및 독성의 저해 등에 상당한 효과가 있음을 확인하고 4편의 국제 저널에 발표하였다(그림 27). 그리고 국내 식품의약품안전청으로부터 효능을 공식으로 인정받고 기능성 물질로 정식 등록하였다. 기억력 증진 효과가 있으면서 스트레스 완화 효과를 보인 물질이 보고되기는 이번이 처음이다. 앞으로 기억력 증진제와 스트레스 완화제로 정상인은 물론 경도 인지 장애와 치매 환자에도 효과적으로 사용될 것으로 본다.

그림 27 BT-11의 기억항진 및 항스트레스 효과

정상 동물의 뇌에서는 포도당 흡수가 증가하여 붉게 보인다(뇌 기능이 잘 이루어지고 있음을 나타냄). 스트레스를 받은 뇌에서는 포도당 흡수가 감소되어 희게 보인다(뇌 기능이 저하됨을 의미). BT-11을 준 뒤 스트레스를 주면 뇌에서의 포도당 흡수가 다시 증가한다(스트레스에 의해 감소된 뇌 기능이 다시 올라감을 의미함).

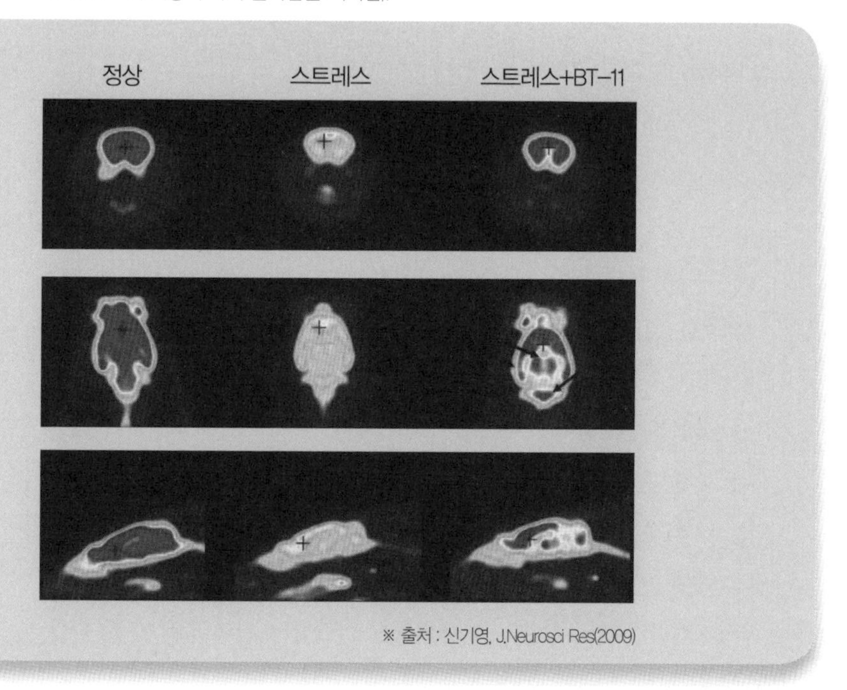

특별한 우리 아이를 위한 최고의 육아법

1. 게임 중독에 빠진 아이 : 문명의 이기가 뇌를 위협

"형은 공부를 잘하는 데다 음악이랑 미술도 잘해 일류 대학에 쉽게 들어갈 것 같은데 제가 잘하는 것은 게임밖에 없어요. 학교는 고등학교 1학년까지 다녔지만, 싫어졌어요. 게임이나 실컷 하다가 프로게이머가 될 거예요."

"요즘 우리 아이는 하루에 5~6시간 오락에 빠져 지내요. 돈이 필요하면 집 안의 돈까지 가져가요. 학교 칠판을 보거나 잠자리에 누워 있어도 게임 장면이 어른거린다고 해요. 밤늦게까지 게임에 열중한답니다. 온 정신이 게임에 팔린 상태여서 걱정이 태산입니다."

전형적인 게임 중독의 사례들이다. 중독은 약물, 술, 담배, 오락, 도박 등을 통해 기분을 좋게 하려고 무절제하게 탐닉하다가 모든 것을 잃게 되는 뇌의 질병이다. 그중 게임과 인터넷 중독 현상은 사회적으로 쟁점이 되고 있다.

뇌의 쾌락중추[특히 도파민신경계]가 예민하게 발달한 사람이 중독이 잘 된다.

다시 말해 중독에 빠지는 체질은 일부 타고난다고 할 수 있다.

중독 체질이라 할지라도 술, 담배, 약물, 도박 등을 하지 않으면 괜찮지만, 일단 쾌락을 경험하면 다른 사람보다 쉽게 심한 중독에 빠진다. 모든 중독은 뇌 메커니즘이 같다.

자녀가 게임이나 인터넷 중독에 빠져드는 것을 막으려면 예방이 최선이다. 스스로 알아서 할 것이란 생각으로 한두 해 내버려두면 나중엔 더 이상 어떻게 손쓸 수 없게 된다. 무작정 못 하게 막지 말고 컴퓨터를 거실로 옮겨와 적절한 통제 아래 사용하게 하고 사용할 시간을 미리 정해서 절제하도록 도와야 한다. 이를 위해 부모 역시 컴퓨터에 관한 일정 수준의 지식을 갖출 필요가 있다.

자녀가 게임 중독에 깊이 빠져 있다면 직접 통제하려 하지 말고 전문의에 맡겨 상담 치료하는 것이 좋다. 부모는 게임이나 컴퓨터를 대체할 재밌고 유익한 취미를 가질 수 있도록 이끄는 것이 바람직하다.

미셸 오바마는 두 딸에게 컴퓨터는 숙제할 때만 사용하게 하고 스마트폰이나 텔레비전은 주말에만 보게 하는 3무 정책을 썼다. 이는 우리에게 시사하는 바가 크다.

2. 하는 일마다 늑장 부리는 아이

"우리 아이는 항상 늑장을 부려서 큰일이에요."
"열두 살이 넘었는데도 제대로 준비해 두는 경우가 없어요."
"숙제도 항상 다그쳐야 겨우 끝내요."
"학교 늦겠다. 빨리 챙기고 가거라."

부모들은 자녀의 행동에 대한 불만을 자주 드러낸다. 매일 반복되는 엄마의 꾸지람에 아이들은 제대로 아침밥도 먹지 못한 채 허둥지둥 학교로 간다.

"우리 엄마는 항상 나를 볶아대요. 언제나 무엇을 하든지 잔소리! 잔소리! 견딜 수가 없어요."

부모가 잔소리하면 아이들은 반발심이 일어나 더 늑장을 부린다. 아이의 늑장에 부모는 잔소리가 더해져 결국 화를 낸다.

아이들은 엄마가 화내는 모습을 보고 잠재적인 쾌감을 느낀다. 엄마를 화나게 하는 힘이 자신에게 있다는 생각을 하기 때문이다.

엄마가 아이들을 감정적을 대하면 아이들은 합리적 사고와 대응을 맡은 대뇌중추보다 '동물의 뇌'가 자극을 받아 감정적인 반항으로 표현한다. 아이들이 늑장을 부려도 감정적인 대응보다 차분하게 도와주는 것이 더 좋다.

맞벌이 가정의 아이들은 자신과 함께 지내는 시간이 부족한 부모의 관심을 끌려고 애쓴다. 부모는 아이들과 같이 지내는 시간을 늘리고 아이들의 바람을 정확하게 파악해 준비해 주는 것이 좋다. 또 항상 관심을 두고 지켜본다는 사실을 쪽지나 대화를 통해 자녀에게 전하고 애정을 드러낸다. 학교에서 돌아오면 "엄마는 네가 학교에 있는 동안 무척 보고 싶었단다. 엄마는 널 볼 때마다 정말 믿음직하고 대견스럽게 생각해."와 같은 말 한마디가 아이들이 올바르게 자라게 하는 밑거름이 된다는 사실을 알아야 한다.

3. 과외에 중독된 아이

요즈음 많은 학생은 요점 정리 유인물, 족집게 문제지와 같은 가이드가 없으면 공부를 못 한다고 한다. 아이들은 초등학교 때부터 과외 교사와 학원 강사가 나눠 주는 문제지로만 수업을 받아 왔다. 암기 과목은 물론이고 종합적 사고 능력을 시험하는 논술에서도 항상 책 일부분만 뽑은 교재만 경험하므로 책이나 작품 전체의 내용을 제대로 이해하지 못한다. 시험을 준비할 때도 학원이나 과외 없이 혼자서 교과서나 참고서를 손대기 어렵다고 호소하는 학생이 많다.

한번 과외의 길로 들어선 학생은 대학 입시에 성공할 때까지 그 길에서 빠져나오지 못한다. 과외를 받지 않으면 불안감이 커져 공부하지 못하고 자신만 뒤처지는 듯한 피해 의식에 시달리기도 한다. 자녀와 부모 사이에 '남들도 다하는데 우리 아이만 하지 않으면 손해'라는 강박관념과 '얼마나 효과적으로 공부를 잘했느냐가 아니라 과외를 했으니 공부를 많이 했다'는 보상심리가 과외 중독의 주요한 심리적 요인이다.

과외 의존증도 앞에서 설명한 게임 중독과 마찬가지로 일종의 비약물성 중독으로 볼 수 있다. 뇌의 탐닉 물질인 도파민 신경전달물질계를 자극해 계속해서 반복하지 않으면 불안감과 초조감이 반복된다는 점에서 약물 중독과 비슷하다. 전두엽, 두정엽 등에 있는 종합적 사고와 추론 능력의 발달을 도외시한 채 변연계의 암기 능력만을 단련시켜 전체 뇌의 고른 발달이 이루어지지 못한다. 과외는 스스로 하는 학습 능력과 정신 건강 그리고 전뇌의 발달을 가로막는다. 미국 유학생 중에서 한국 학생들은 가장 많이 아이비리그 대학에 진학하지만 약 55% 정도만 졸업한다는 사실만 봐도 과외가 대학 입시에는 성공적일지 몰라도 창의성이 요구되는 대학 공부에는 적절하지 않다.

과외에 집착하면 아이들은 조급함을 계속 부추길 뿐만 아니라 아이디어를 내거나 분석하는 능력, 창의적인 결과를 내는 데도 방해를 받는다. 과외와 같은 강제 교육이 아닌 능동적이고 자발적인 공교육 중심으로 아이들의 학습이 이루어지도록 해야 한다.

4. 벌을 줄 때는 이렇게

아이들을 키우다 보면 벌을 줘야 할 때도 잦다. 벌을 줄 때는 이유를 분명히 설명하고, 벌을 준 다음에는 반드시 부모의 사랑을 느낄 수 있도록 해주는 것이 좋다. 아이들이 잘못했다 하더라도 벌만 내리고 끝내면 아이들은 감정의 뇌에 자극을 받아 이성적인 뉘우침보다 감정적인 반항으로 돌아선다. 아이들은 생각을 자유롭게 표현하지 못할 뿐만 아니라 마음에 깊은 앙금을 남기므로 부모는 자녀에게 '감정의 뇌'보다 '이성의 뇌'의 신경회로가 열리도록 해줘야 한다.

아이들이 잘못했을 때 즉각적으로 벌을 주기보다는 한 단계 늦춰서 벌을 주는 것이 좋다. 아이의 종아리 대신 부모 자신의 종아리를 때리면 교육적 효과가 훨씬 크다. 벌을 받을 줄 알고 잔뜩 긴장하는 아이들은 부모의 예기치 않은 행동에 '이성의 뇌'를 활발히 움직여 자기의 잘못을 떠올리고 뉘우친다.

꼭 체벌해야 할 때는 손이 아닌 매를 쓰는 것이 좋다. 손으로 체벌하면 때리는 손을 미워하고 나아가서 때리는 부모를 미워하므로 신체를 이용한 체벌은 삼가는 것이 좋다.

벌을 준 뒤 그대로 내버려 두면 격한 감정이 뇌 속에 그대로 기억되어 오래도록 나쁜 영향을 미친다. 서운한 감정을 간직한 채 잠자리에 들면 아주 불안한 상태에서 잠을 자게 되어 다음날에도 감정이 연결된다.

그래서 자기 전에 아이가 받은 격한 감정을 풀어주고 뇌 속에 있는 나쁜 감정들을 없애야 한다. 미움, 공포, 두려움이나 혐오와 같은 부정적인 감정이 잠속에 깊이 들어가 오래도록 나쁜 영향을 미치지 않도록 말이다.

아이들의 뇌에서 부정적인 감정을 빨리 제거하는 방법으로 잠자기 전에 사랑의 대화를 나누는 것만큼 좋은 방법은 없다. 이렇게 하면 다음 날 아침 아이들은 신선한 기분으로 하루를 시작할 수 있을 것이다. 이와 같은 가정환경에서 자란 아이는 과거의 부정적인 감정에 얽매이는 소극적인 인간이 아니라 미래를 향해 사는 긍정적 인간이 될 것이다.

5. 얼굴을 씰룩거리는 아이

얼굴을 씰룩거리는 병은 1885년 프랑스의 의사 투레트가 처음 보고하였기 때문에 투레트씨 병이라고 부른다. 이 병은 얼굴을 씰룩거리는 운동 동작'틱(tic)'이라고 부름을 되풀이하거나 추잡하고 외설적인 말을 되풀이하는 것이 특징으로 대개 7~8세 어린이들에게 나타난다.

투레트씨 병은 정확한 원인이 밝혀지지 않았지만, 뇌에 있는 중요한 신경전달물질인 도파민신경계의 과잉 활동 때문이라는 학설이 가장 설득력 있게 인정받고 있다. 도파민신경계는 고도의 정신 기능, 창조적 기능을 담당할 뿐만 아니라 행동을 담당하는 중추신경계로 도파민신경계의 과잉 활동은 유전에 의한 것이란 사실이 밝혀졌다.

도파민신경계가 잘 작용하면 문화의 무궁한 창조가 이루어지지만, 파괴되면 파킨슨병이 생길 수도 있다. 음악의 신동 모차르트 역시 이 병을 앓았을 가능성이 제시되었다. 모차르트가 때때로 외설적으로 추잡한 언어를 쏟아 놓거나 광폭한 행동을 한 것은 이 병 때문으로 추측하고 있다.

다행히도 현재 이 병은 도파민신경계의 과잉 활동을 줄이는 약을 쓰면 호전되는 것으로 알려졌다. 따라서 이런 증세를 보이면 조기에 소아정신과 의사의 진찰을 받는 것이 최선이다.

6. 산만한 아이

씩씩하고 극성맞게 뛰어논다거나, 자리에 앉아 있더라도 안절부절못하며 몸을 비틀거나 벌떡 일어나는 어린이들을 볼 때 사람들은 어린아이들의 특권쯤으로 생각하고 이를 대수롭지 않게 넘겨버린다. 그러나 이런 아이들은 주의가 산만하고 집중력이 떨어진다. 공부를 쉽게 싫증 내며 무엇이든 충동적으로 행동하는 주의력 결핍, 과잉 운동장애 질환을 가진 경우가 많다.

이런 아이들은 유아 때 수면 장애를 겪는데 잘 웃지도 않으며 잘 보채고 달래도 소용이 없는 경우가 많다. 걷기 시작할 때에는 과잉 행동이나 충동적인 행동을 한다. 학교에 들어갈 무렵에는 주변 아이들과 잘 어울리지 못하거나 다른 아이들을 방해하며 부모의 말을 듣지 않고 심하게 반항을 한다. 수업에 열중하지 못하거나 수업 시간 내내 돌아다니는 등 학습장애가 생긴다. 주의력이 부족해 언어 발달이 늦고 글씨를 빠뜨리고 쓰는 경우도 잦아진다. 청소년기가 되면 행동은 나아지지만, 집중력의 장애를 겪어 학습의 어려움과 자존심의 저하로 우울증이나 대인 관계에 장애가 나타날 수 있다. 주의력 결핍, 과잉 운동장애 질환은 전체 아동의 3~10%가 앓고 있는 것으로 학교에 들어가기 전이나 직후 가장 흔히 발견되는 질환 가운데 하나이다.

병의 원인은 정확하게 알려지지 않았지만, 신경전달물질계의 기질적 손상을 중요한 원인으로 지목하고 있다. 그중 전두엽[이마엽]에서 주의집중력과 과잉 행동을 조절하는 도파민, 세로토닌 신경계의 이상이 가장 관계있을 것으로 보고 있다.

치료제로는 도파민신경계를 자극하는 중추신경 흥분제인 메틸페니데이트가 있다. 약물치료와 행동치료를 하면 약 80~90% 정도 병이 호전되는 효과가 있는 것으로 알려졌지만 여러 부작용이 의심되므로 주의를 기울여야 한다.

다른 중추신경계를 흥분시키지 않고 행동과 주의력에만 선택 적으로 작용하는 약물이 개발되어 질환 예방과 치료에 획기적인 발전이 이루어지기를 기대해 본다. 이 병 때문에 고통과 좌절을 겪을 아이들이 보이는 과잉 행동 대해 부모와 주위 사람들은 질책보다 따뜻한 애정으로 다가서려고 노력해야 한다. 또 소아정신과 전문의에게 적절한 치료를 받는 데 게을리하지 않도록 한다.

7. 행동장애가 있는 아이

남자 초등학생이 또래와 어울려 다니며 다른 친구들을 협박하고 돈을 뺏거나 주먹을 휘두르는 경우를 종종 볼 수 있다. 이렇게 비행 청소년의 행동이 어릴 때 나타나는 것을 '행동 장애'라고 한다.

행동 장애는 부모 사이에 심한 갈등이 있거나 폭력이 난무하는 경우, 가족끼리 사랑이 부족하여 부모가 자녀에게 무관심한 경우에 나타난다. 이러한 잘못된 행동에 대해 야단을 치거나 매를 들어 적절히 통제하면 더 악화하는 상황을 막을 수 있다. 다만 매를 들 때 아이는 매를 맞을 것이란 예측을 할 수 있어야 하고 아이에 대한 깊은 애정이 전제되어야 한다. 나쁜 행위를 하면 그에 따른 제재가 있을 것이란 경고를 해줘야 아이가 처벌에 대한 이유를 이해할 수 있다. 하지만 부부 사이의 갈등이나 폭력을 없애고 가족 간 사랑을 회복하는 일이 매를 드는 일보다 더 중요하다.

부모의 행동과 교육이 일관되지 않는다면 아이들은 부모의 말에 반항하고 행동 장애를 더욱 강하게 드러낸다. 같은 행동을 하는데도 부모의 기분에 따라 매를 들거나 들지 않는다면 아이들은 판단 기준과 가치의 혼란을 느낀다.

부모가 서로 다른 기준을 내세워 벌을 가하는 것도 문제가 된다. 어떤 행동에 대해 아빠는 혼내지만, 엄마가 받아 주면 아이의 행동 장애는 더욱 심각해질 수 있다. 이때 아이들은 잘못된 행동을 남 탓으로 돌린다. 부모는 항상 같은 기준으로 자녀를 대하고 교육해야 정신적으로 건강한 아이로 키울 수 있다.

8. 발달장애와 자폐증

발달 문제는 크게 3가지 유형이 있다. 첫째는 언어성 발달 장애, 둘째는 인지와 기능 발달 전반이 저하되는 정신지체, 셋째는 위 두 가지와 함께 심각한 사회적 발달 장애가 나타나는 전반적 발달 장애, 즉 자폐증이다. 이 중 자폐증은 3세 이전부터 언어 발달 장애, 눈 맞춤 장애, 어머니와의 애착 장애, 다른 사람과의 놀이 장애 등으로 나타난다. 3세 이후에는 또래에 대한 관심 부족, 반복 행동, 놀이 행동의 심한 장애, 인지 발달의 저하 등이 함께 나타나는 발달 장애가 나타는데 이를 '전반적 발달 장애'로 부르고 있다.

자폐증 아이의 75%는 정신지체를 나타내며 과잉 행동과 경련성 질환 등이 높은 빈도로 나타나므로 뇌의 생물학적 원인이 가장 클 것으로 생각한다. 현재 뇌 크기와 측두엽 이상과 연관된 '신경해부학적 원인론'과 신경전달물질 이상과 연관된 '신경생화학적 원인론'이 가장 많이 제시된다. 만 3살인데도 말을 못하는 경우 사회성 평가, 놀이 평가, 언어검사, 청력검사, 뇌파검사, MRI 촬영 등을 통해 확인해야 한다.

전반적 발달 장애의 치료는 통합적 치료다. 영유아 시기에는 사회적 상호작용의 첫 출발점인 부모와의 애착을 발달시키는 치료를 받는 것이 좋다. 걸음마 시기에는 사회적 상호작용 촉진에 기초를 둔 행동치료와 놀이치료를 통한 언어 훈련을 받아야 한다. 학교에 들어가기 전4~6세에는 그룹 놀이치료, 사회기술 훈련이 포함된 다양한 프로그램이 필요하고 과잉 행동, 반복 행동, 자해 행동 등을 개선할 수 있는 행동치료와 약물치료가 필요하다.

초등학교 연령기에는 꾸준한 사회기술 훈련, 인지학습, 언어치료가 필요하다. 치료 과정에서 소아정신과 전문의에 의한 의학적 평가와 치료도 중요하다. 행동 조절, 주의력 향상, 감정 조절, 수면-식이 조절, 감각 조절에는 약물치료가 매우 효과적이다.

9. 잇몸질환 산모는 조산할 수도 있다

최근 국내에서의 연구 결과에서 잇몸 질환이 조산을 일으킬 수 있음을 시사했다.

병원에 입원한 산모 100명을 상대로 조사한 결과 조산한 산모가 정상 산모보다 더 심한 잇몸병을 보였다. 연구팀은 잇몸병이 얼마나 심한지를 나타내는 치주낭 깊이와 치아 잇몸의 부착 상실을 조사하고 산모를 두 그룹으로 나누어 비교하였다. 조산한 산모의 평균 치주낭 깊이가 2.65mm인데 비해 정상 분만한 산모의 깊이는 2.33mm였고, 부착 상실은 조산한 산모가 2.76mm이고 정상 분만한 산모는 2.38mm였다.

조산한 산모들이 더 심한 잇몸병을 앓고 있다는 사실을 확인하였다. 잇몸병을 앓으면 세균 내 독소 등이 온몸의 염증 반응을 일으켜 조산이 일어나는 것으로 추정했다.

조산을 방지하기 위해 음주나 흡연, 약물 남용도 피해야 하지만, 임신 전후에 정기적인 구강 검사를 하고 잇몸병을 예방하거나 치료하는 것이 중요하다.

10. 유아 돌연사 증후군(SIDS)

최근 임신 중에 커피나 카페인 음료를 많이 마신 여성 또는 임신 중에 담배를 피우거나 출산 후에도 젖을 먹이면서 담배를 피우는 여성에게 태어난 아기는 유아 돌연사 증후군이 일어날 가능성이 높다고 보고되었다.

뉴질랜드의 로드니포드 박사팀은 SIDS 유아 393명의 부모와 정상 유아 1,592명의 부모를 조사하여 임신 중에 하루 400mg 이상 카페인[커피 4잔 이상]을 섭취한 여성에게 태어난 아기가 유아 돌연사 증후군의 발생 위험이 65% 이상 높은 것으로 나타났다고 했다. 유아 돌연사 증후군의 원인은 아직 알려지지 않았으나 엎드려 자거나 엄마가 흡연하였거나 모유 대신 분유를 먹인 아이에게 잘 일어나는 것으로 보고됐다. 카페인과 같은 중추신경 흥분제가 미성숙한 태아의 뇌에 작용하여 호흡곤란증을 일으킬 수 있으므로 임신부들은 카페인처럼 뇌에 영향을 주는 약물을 절대로 먹지 말아야 한다.

스웨덴의 휴고 라거크란츠 박사는 '임신 중에 담배를 한 여성 또는 담배를 피우는 가운데 모유를 먹이는 여성의 아기는 돌연사를 일으킬 위험이 크다'고 발표했다.

라거크란츠 박사는 오슬로 지역에서 1970~1993년에 유아 돌연사 증후군으로 사망한 아기 24명을 정밀 검사한 결과 92%의 아기 몸에서 니코틴이 검출되었다고 밝혔다. 임신 중이거나 수유 중일 때 담배를 삼가는 것은 아기의 건강을 위해 필수적이다.

호주의 폰손비 박사팀은 권장하는 수면 자세[엎드리거나 옆으로 눕는 자세]로 자더라도 담요를 사용하는 아기는 유아 돌연사 증후군의 위험에 4배 가까이 노출된다고 했다. 아기가 잠잘 때 담요를 얼굴 위까지 끌어당겨 숨을 쉬는 일 힘들었기 때문이라고 생각한다. 이런 의미에서 푹신한 담요를 사용하지 않은 것이 아이의 호흡을 유지하는 데 바람직할 것이다.

영국의 사우탈 교수는 유아 돌연사 증후군으로 사망한 아기 가운데 부모의 학대가 원인이 된 사례가 있다고 밝혔다. 이 연구로 유아 돌연사 증후군으로 사망한 아이의 부모가 소아 학대를 의심받는 것으로 나타나 사회적으로 논란이 됐다. 정신적 스트레스 또는 학대가 어린아이의 호흡곤란증을 유도하는 데 기여할 것으로 생각한다. 어린아이의 마음과 몸을 편안하게 유지해 주는 것이 무엇보다 중요하겠다.

11. 아기를 낳으면 산모의 머리가 좋아진다

미국 리치먼드 대학교 연구팀은 출산 경험이 있는 쥐가 그렇지 않은 쥐보다 학습 능력과 기억력이 뛰어나다는 실험 결과를 ≪네이처≫에 실었다. 새끼를 낳은 적이 있는 쥐는 실험실 구석에 감춘 먹이를 찾는 데 평균 42초 걸렸지만 그렇지 않은 쥐는 2분 넘게 걸렸다. 임신 중에 성호르몬 분비가 증가하고 두뇌 신경세포 사이에 접촉이 원활해져 뇌의 정보 처리 능력이 향상된 덕분으로 분석했다.

연구팀을 이끈 크레이그 킨슬리 교수는 새끼 출산이 어미 쥐의 지능을 발달시킨 것과 마찬가지로 아기를 낳은 산모의 지능도 높아질 것이라고 밝혔다. 연구팀은 인간의 경우 자식을 부양하기 위해 더욱 머리를 써야 하는 사회학적인 배경도 있어 산모의 지능이 향상될 가능성이 크다고 분석했다.

12. 우리 아이 머리 흔들면 뇌 손상 올 수도 있다

보채거나 울 때 아이의 머리를 흔드는 경우 SBS shaken baby syndrome, 흔들린 아이 증후군에 걸릴 수 있어서 조심해야 한다. '흔들린 아이 증후군'은 신체적으로 연약한 아이의 머리가 흔들리면서 뇌가 두개골에 부딪혀 경막하 출혈, 망막 출혈, 뇌부종이 생겨나 일어난다. 대부분은 미미한 출혈로 며칠 후에 자연스럽게 회복되지만, 심하면 뇌세포 손상이 생겨 발작, 마비, 시력 장애가 나타날 뿐만 아니라 죽음에 이를 수도 있다. 특히 화날 때 자신도 모르게 아이 머리를 심하게 흔드는 경우가 많으므로 주의해야 한다.

어떤 학자들은 심지어 아이를 업고 뛰거나 목마 태우는 행동도 자제해야 한다고 주장한다. 흔들린 아이 증후군을 피하려면 화난 상태에서 아이를 대하지 않는 것이 좋다. 또 아이를 다룰 때에는 항상 아이의 뒷목을 받쳐 머리가 흔들리지 않도록 하는 것이 좋다.

만약 아이가 머리를 들거나 돌리지 못하고 한쪽으로만 쏠리거나 눈에 심하게 핏발이 서거나 불빛에 동공이 반응하지 않으면 '흔들린 아이 증후군'을 의심해 봐야 한다. 머리가 흔들린 뒤 토하거나 숨쉬기 어려워하는 등의 반응을 보이면 즉시 병원으로 데려가 머리가 많이 흔들렸음을 밝히고 정밀 진찰을 받는 것이 좋다.